後藤由紀子の
家族のお弁当帖

はじめに

息子の小学校入学直前の2月に雑貨店『ｈａｌ』は開店しました。

うれしくてスキップしていた息子の背中の大きなランドセルをうらやましがって4歳の娘が背負うと、さらに大きく見えたものです。

そんなあどけない子ども達の姿を見て「この子達に自分ができることはなんだろう」と考えました。

三姉妹の真ん中だった私が、姉や妹と比べて比較的得意だったのは料理。

自分の夢だったお店も始め、毎日限られた時間のなかで教育らしいことは特別できないけれど、せめて家族4人で食卓を囲むことは大切にしよう！　そう心に決めたのです。

たった1つのことですが、これを守っていくのは料理好きの私でも大変でした。

特に息子の高校合格の知らせを受けたときは、「頼みの綱だった給食がなくなる！」と実は一瞬憂鬱な気持ちになってしまいました。

でもある日、ふと「もしかしたらあと3年しか一緒に暮らせないのかもしれない」と気づいたんです。男の子なので、高校を卒業したら家をでてしまうかもしれないですからね。

息子の食事三食をすべて私が管理するという最後の3年間、お弁当作りを頑張ろう！

誰と約束したわけでない、自分のなかでの決めごとでも、期間限定と思うとびっくりするくらい前向きに取り組むことができました。

庭師の夫と私、さらに高校生になった娘の分も加わり、気がつけばお弁当の数は4個！お昼も家族全員の食事を作っているのと一緒の量です。

子どもが大きくなっている分、自分も歳を重ね、体力的にもかなりきついというのが本音のところ。そこは長い主婦経験から得た知恵でカバーしつつ、毎日楽しみながらせっせと作り、写真におさめました。記録のためにレシピもまとめてみました。

料理研究家でもなく、お弁当屋さんでもない、一般家庭の、しかもかなりおおざっぱな母親が作るものです。普段は計量スプーンも使わずにお鍋のなかの色でだいたいの味を決めてしまうので日によって味が多少違ったりします。リアルすぎてあまり華がないかもしれませんが、家族のお弁当作りのヒントがどこかにあるとうれしいです。

目次

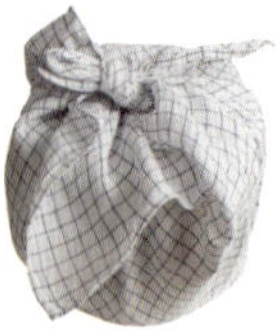

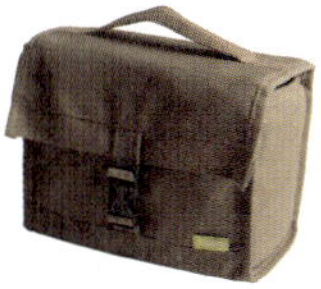

秋のお弁当

冬のお弁当

後藤家のお弁当5つのルール

4つのお弁当を作るのは、家族の食事一食分を作るのと同じこと。1個が4個に増えたからといって、手間が4倍になるわけではありません。むしろ少しずつ作るよりやりやすいかも、と思います。とはいえ、毎日のことですからできるだけ効率的に作らなければならないのは事実。いろいろ悩まないようにわが家流の5つのルールを決めています。

お弁当の予算は特に決めていませんが、あまり高価なものは買わず、旬の安いものを購入したり、特売の日を利用したりしています。メインおかずは塩味、しょうゆ味、ソース味、ケチャップ味などご飯のすすむものを。箸休めにさっぱりとした野菜のおかず、たまには酸っぱいものを入れて、卵料理とデザート感覚の甘いものを少し。メインおかずの味の濃さによって、ご飯にのせる「お供」をなににするか決めます。彩りは茶、緑、黄色がメインで、アクセントに赤や黒をちょこっと入れるとバランスがよいようです。

4人の食の好みは違いますから、母好みの日、父好みの日、子ども好みの日、と家族の顔を思い浮かべながらなんとなくローテーションしています。

1　朝は短時間調理

朝の調理時間は10〜20分。時間が限られているとはいえ、作り置きじゃなくてできたてを詰めたいおかずもあります。だからお弁当用に朝作るのは焼き物、炒め物、揚げ物など短時間で完成するおかず中心！と決めてしまっています。

2 夜に手間を分散

煮る、ゆでる、蒸すなど、調理時間がかかるおかずは夜にゆっくり作ります。煮物などは冷める間に味が染みて好都合。朝と夜の二段階で作れば、炒め物、揚げ物ばっかり！というお弁当にはなりません。肉の下味つけなどもここで。

3 買い物をした日に下ごしらえ

買い物は週2回。肉、魚などはスーパー、野菜は主にJAの直売店（通称「産直」）で買っています。産直での買い物の予算は1回2000円。たっぷり買えるのでストレス解消に（笑）。使い道を考え、新鮮なうちに下処理をして使いきります。

4 嫌いなものは入れない

子どもが小さい頃は好き嫌いをなくそうと苦手な食材をお弁当に入れましたが、今は「お昼くらいは好きなものを楽しく食べたほうがいい!」と思い、嫌いなものは入れません。栄養は夕食や朝食で補えばいいですからね。

5 ダメダメ弁当でも作る

子ども達が売店でお昼ご飯を買うのが好きじゃないので、疲れてお弁当を作りたくないときでも、焼きそばやチャーハンなどでなんとかします。ギョーザなどをのせればボリュームもでます。今まで作れなかったことは2〜3回だけ。

後藤家プロフィール

兄 

高校3年間お弁当。自転車通学なので揺れて混ざらないようにおかずは小分けに。卵焼き、梅干し、果物、ソースがからまってベタベタしたものが苦手。

母 

仕事先のお店に毎日お弁当を持参。「自分の好きなものが食べたい!」と高校時代からお弁当を作っている。いろんなおかずを少しずつ食べたい派。

父 

「まーさん」と呼んでいます。庭師なので結婚以来ずっとお弁当。「子どものお弁当を作り始めたらおかずが豪華になった」といいます。好き嫌いはなし。

妹 

昨年高校に入りお弁当に。男性陣がお弁当の感想をあまりいわないなか、率直な意見を伝えてくれる頼もしい存在。好き嫌いは少ないけれど、梅干しはNG。

第一章

春のお弁当

家族みんなの
大好き弁当！

Pick up

マカロニサラダ

マカロニ1袋は袋の表示通りにゆで、酢少々をまぶす。塩もみした薄切りきゅうり、食べやすい大きさに切ったハムと、冷めたマカロニをマヨネーズであえ、あらびき黒こしょうをふる。

menu

鶏のから揚げ
ウインナーソテー
卵焼き
マカロニサラダ
フリルレタス
梅干し
たくわん
ご飯

当日調理：鶏のから揚げ（揚げる）、ウインナーソテー、卵焼き
作り置き：鶏のから揚げ（下ごしらえ）、マカロニサラダ
買ったもの：フリルレタス、梅干し、たくわん

から揚げは家族の人気ナンバーワン。鶏肉はつまみ食いも考慮して、700gを前の晩から下味を染み込ませます。なるべく短い時間でできるように、まずフライパンがきれいなときに卵焼きを作ってから、鶏肉を揚げて、揚げている間にウインナーに切り込みを。から揚げを一度バットにあげて油をこして、二度揚げまでの3分間にウインナーを炒め、また油を戻し、から揚げを二度揚げします。二度揚げすると、時間がたってもカリッとおいしいです。短めのウインナーはいろいろな形のお弁当箱でも詰めやすくて便利。仕切り用に産直で購入したフリルレタスは『ハンサムグリーン』というステキな名前がついていました(笑)。

menu

父	母	兄	妹
鶏団子の酢豚風	鶏団子の酢豚風	鶏団子の照り焼き	鶏団子の照り焼き
ちくわ煮	ちくわ煮	ゆでブロッコリー	卵焼き
卵焼き	卵焼き	サラダ菜	金時にんじんの甘煮
ひじきといんげんのナムル	ひじきといんげんのナムル	青菜ふりかけ	ポテトサラダ
サラダ菜	サラダ菜	ご飯	サラダ菜
梅干し、おかか昆布	梅干し、たくわん	青菜ふりかけおにぎり	青菜ふりかけ
たくわん	ご飯		ご飯
ご飯			

当日調理：鶏団子の酢豚風、鶏団子の照り焼き、卵焼き
作り置き：鶏団子（冷凍）、ちくわ煮、金時にんじんの甘煮、ひじきといんげんのナムル、ポテトサラダ、ゆでブロッコリー
買ったもの：サラダ菜、梅干し、おかか昆布、たくわん、青菜ふりかけ、のり

Pick up

ひじきといんげんのナムル

鍋に熱湯を沸かしていんげん1袋をゆでる。時間差で水で戻したひじき½袋分を加え、同時にざるにあげる。熱いうちにごま油大さじ1にひとつまみの塩を入れてあえ、いり白ごまをふる。大人だけのときはラー油やすりおろししょうがも少し入れる。ほうれん草、にんじんなどでもできる。

鶏ひき肉が特売だったので鶏団子を作り置き。今日はそれをメインのおかずに使いました。以前に作り置きしておいたちくわの煮物を使いきりたかったので、親弁当に投入。メインは煮物としょうゆ味がかぶらないように、ケチャップ味の酢豚風に。子ども弁当は照り焼きに。みんなの好みを考えながらおかずを詰めてたら、内容がバラバラ！なんてこともあります。

menu

父	母	兄	妹
肉巻き	肉巻き	豚肉のしょうが焼き	肉巻き
青菜とハムの炒め物	青菜とハムの炒め物	青菜とハムの炒め物	青菜とハムの炒め物
卵焼き	卵焼き	のり弁	卵焼き
五目豆	五目豆	おかかおにぎり	五目豆
紅大根のナムル	紅大根のナムル	たらこおにぎり	ゆかりふりかけ
梅干し	梅干し		ご飯
おかか昆布	おかか昆布		
ご飯	ご飯		

当日調理：肉巻き（焼く）、豚肉のしょうが焼き、青菜とハムの炒め物、卵焼き
作り置き：肉巻き（下ごしらえ）、紅大根のナムル
買ったもの：五目豆、梅干し、おかか昆布、ゆかりふりかけ、かつおぶし、たらこ、のり

Pick up

青菜とハムの炒め物

ほうれん草はザク切りにし、ハムは食べやすい大きさに切る。フライパンにオリーブオイルを熱し、茎→葉→ハムの順に入れて炒め、塩、こしょうをふる。ほうれん草をゆでずにじか炒め。最近のものはアクが少ないので大丈夫。小松菜、青梗菜、豆苗、キャベツなどでも。

肉巻きは私と娘と夫が大好きだけど、息子は苦手。だから息子だけメインのおかずをかえて作ります。お肉は豚ロース薄切り肉が最適。1枚ずつ巻いてひとり3本ほど作り、焼いてから半分に切って詰めます。前日に巻いておいて、当日は照り焼きにするだけ。息子用には同じ豚肉でしょうが焼きを作ることが多いです。足りない分はおにぎりの数を増やしてカバー！

家族の思い出
春弁当

Pick up

塩漬け桜と京菜の混ぜご飯

塩漬け桜は水につけて塩抜きし、京菜漬けは汁けを軽くしぼる。炊き立てのご飯に金ごまと一緒に入れ、混ぜ合わせる。京菜漬けはみぶな漬けでもOK。

menu

鰆の西京漬け焼き
卵焼き
うどと菜の花の酢味噌あえ
じゃがいもの
パルメザンチーズあえ
きゅうり
ラディッシュ
塩漬け桜と京菜の混ぜご飯

当日調理：鰆の西京漬け焼き、卵焼き、うどと菜の花の酢味噌あえ、じゃがいものパルメザンチーズあえ、塩漬け桜と京菜の混ぜご飯
作り置き：うどと菜の花の酢味噌あえ（うどを酢水につける、菜の花を塩ゆでする）、じゃがいものパルメザンチーズあえ（じゃがいもをゆでる）
買ったもの：きゅうり、ラディッシュ

手がかかっているように見えるけど、当日は買ってきた魚を焼けば、あとはあえたり混ぜたりするだけの簡単メニュー。昔はよく「春全開」のお弁当を持って、家族で駿河平にお花見に行ったなぁ……とふと思い出して、こんなお弁当を作りました。

『hal』が土曜定休だったのも、できるだけ家族のイベントを大事にしたかったから。でも今はみんなそれぞれ予定があって土日に家族ででかけることもなかなかないし、今年から定休日をかえてみることにしました。子どもの成長にともなって、母のスケジュールもかわっていきます。自由になるのはうれしいけれど、ちょっとだけさみしいものですね。

menu

父	母	兄	妹
チンジャオロースー	チンジャオロースー	チンジャオロースー	チンジャオロースー
ウインナーソテー	ウインナーソテー	煮卵	ウインナーソテー
煮卵	煮卵	ゆでブロッコリー	煮卵
がんもの甘辛煮	がんもの甘辛煮	ミニトマト	ゆでブロッコリー
ゆでブロッコリー	ミニトマト	のり弁	ミニトマト
ミニトマト		たらこおにぎり	ゆかりふりかけ
梅干し			ご飯
いり黒ごま			
ご飯			

当日調理：チンジャオロースー、ウインナーソテー
作り置き：煮卵、がんもの甘辛煮、ゆでブロッコリー
買ったもの：ミニトマト、梅干し、いり黒ごま、ゆかりふりかけ、たらこ、のり

結婚したときに「がんもどきをおいしく煮ることができるお嫁さんになりたい」って思っていました。なんとなく、料理上手でいいお嫁さんのイメージで……。結婚して19年、だいぶおいしく煮ることができるようになったと思います。私のご飯がないのは、朝ご飯がカレーだったから。いつものパンのつもりでご飯を炊いたら、足りなくなってしまいました（笑）。

Pick up

がんもの甘辛煮

がんもどき4個は熱湯をかけて油抜きをして鍋に入れる。だし400cc、砂糖、しょうゆ、酒各大さじ2を加えて煮立て、弱火で5分煮る。そのまま冷まして味を含ませる。しっかり味が染みるように前日に作る。

menu

父	兄	妹
焼き鮭	焼き鮭	焼き鮭
春巻き	春巻き	春巻き
煮卵	煮卵	煮卵
ごぼうとにんじんのきんぴら	レタス	ほうれん草とにんじんのごまあえ
こんにゃくの甘辛炒め	おかか昆布	おかか昆布
ほうれん草とにんじんのごまあえ	ご飯	ご飯
れんこんの煮物	おかかおにぎり	
梅干し		
おかか昆布		
ご飯		

当日調理：焼き鮭、春巻き（トースター調理）
作り置き：煮卵、ごぼうとにんじんのきんぴら、こんにゃくの甘辛炒め、ほうれん草とにんじんのごまあえ、れんこんの煮物
買ったもの：春巻き（冷凍）、レタス、梅干し、おかか昆布、かつおぶし、のり

母のお店が休みでお弁当は3つ。油断したのか、まーさんに起こされたのが6時20分！ 朝は鮭を焼いただけ。いつもは揚げる冷凍の春巻きもトースターで焼きました。材料かぶりまくり、味も塩としょうゆでかぶっていてごめんなさい。きちんと作っていないうしろめたさから、ちまちまといろいろ入れてしまって、まーさんからは不評かも（いわないと思うけど）。

Pick up

こんにゃくの甘辛炒め

こんにゃく（小）は手でちぎり（小さめの玉こんにゃくならそのままでもOK）、下ゆでして、ごま油でしっかり炒める。しょうゆ、酒各大さじ1、砂糖小さじ1を加えて汁けがなくなるまで炒り煮する。仕上げに一味唐辛子をふる。

子どもに
食べさせたい
春弁当

Pick up

そらまめの春巻き

そらまめ5さやは塩ゆでにして薄皮をむく。四等分に切った春巻きの皮に4つ並べておいて巻き、高温の油でカラリと揚げ、塩をふる。

menu

そらまめの春巻き
ウインナーソテー
パプリカのピーナッツ炒め
ふきのおかか煮
ゆでスナップエンドウ
ゆでたけのこのバジルソース
あさりの佃煮
いり黒ごま
ご飯
たらこおにぎり

当日調理:そらまめの春巻き（揚げる）、ウインナーソテー、パプリカのピーナッツ炒め、ゆでたけのこのバジルソース
作り置き:そらまめの春巻き（下ごしらえ）、ふきのおかか煮、ゆでスナップエンドウ
買ったもの:バジルソース、あさりの佃煮、いり黒ごま、たらこ、のり

季節の訪れを子どもに伝えたくて旬の野菜をお弁当のおかずに使いたいけど、実はふたりともあんまり得意じゃないんです。だから「旬満載」のお弁当は季節に1回くらい、そっと作ります。春巻きのなかにはナイショでそらまめを。ふきはほんのり甘く炊いて。季節の野菜はだしをきかせて薄味で煮たり、ナムルにしたりすると、結構食べてくれます。この時季、産直に姫たけのこが並びます。おいしいけれど調理に手間がかかるので、私は迷わず下ゆで済みの瓶詰めを購入。ゆでたけのこは実家からもよくもらいます。息子が大好きな市販のバジルパスタソースであえてみたら好評でした!

menu

父	母	兄	妹
ハンバーグ	ハンバーグ	ハンバーグ	ハンバーグ
卵焼き	卵焼き	揚げさつまいも	卵焼き
揚げさつまいも	揚げさつまいも	菜の花のおひたし	揚げさつまいも
厚揚げ煮	菜の花のおひたし	のりたまふりかけ	菜の花のおひたし
菜の花のおひたし	梅干し	ご飯	のりたまふりかけ
フリルレタス	ご飯		ご飯
梅干し			
たくわん			
ご飯			

当日調理：ハンバーグ（ソースであえる）、卵焼き、揚げさつまいも
作り置き：ハンバーグ（冷凍）、厚揚げ煮、菜の花のおひたし
買ったもの：フリルレタス、梅干し、たくわん、のりたまふりかけ

土曜日は子ども達の学校がなくても、母はお店があるので、お弁当。息子の早弁用のおにぎりはなしです。から揚げと1、2を争う人気おかず、ハンバーグは一度に10個必要。合いびき肉800gで20個作り置きをします。ハンバーグとして使う分は焼いてから冷凍保存、ピーマンの肉詰めなどにアレンジするときは詰めた状態で冷蔵保存して、翌日使います。

Pick up

菜の花のおひたし

菜の花1束は塩を加えた熱湯で茎のほうからゆでて水けをしぼり、3cmくらいに切る。だし大さじ3、しょうゆ大さじ1であえる。お弁当に詰めてからいり金ごまをふる。

menu

父	母	兄	妹
トンテキ	メンチカツ	トンテキ	トンテキ
卵焼き	卵焼き	ほうれん草と豆もやしとにんじんのナムル	卵焼き
さつまあげの煮物	さつまあげの煮物	ポテトサラダ	ほうれん草と豆もやしとにんじんのナムル
ほうれん草と豆もやしとにんじんのナムル	ほうれん草と豆もやしとにんじんのナムル	のり弁	ポテトサラダ
ポテトサラダ	ポテトサラダ	鮭おにぎり×2	ミニトマト
ミニトマト	ミニトマト		ゆかりふりかけ
梅干し	梅干し		ご飯
ご飯	ご飯		

当日調理：トンテキ、メンチカツ（揚げる）、卵焼き
作り置き：さつまあげの煮物、ほうれん草と豆もやしとにんじんのナムル、ポテトサラダ
買ったもの：メンチカツ（冷凍）、ミニトマト、梅干し、ゆかりふりかけ、鮭、のり

トンテキ（豚のステーキ）は息子が好き。お肉を息子にたくさん入れてしまったら、私の分がなくなり、急きょメンチカツを揚げました。「最近おにぎりがおいしい」といわれたので、今日は早弁用のおにぎりが2個です。ポテトサラダは前日作り置きおかずの代表選手。わが家のポテトサラダはじゃがいもがほぼ『つなぎ』の役割。野菜たっぷりです。

Pick up

ポテトサラダ

じゃがいも5〜6個はゆでて粉ふきいもにし、いちょう切りにしたゆでにんじん½本分とともに熱いうちに酢少々をかけておく。粗みじん切りにしたゆで卵1個分、塩もみきゅうり1本分、きざんだハム4枚分、マヨネーズ大さじ4を加えて混ぜ合わせる。さらした紫玉ねぎを加えても。

家族のお弁当箱

\ 母 /

使用歴3年。『hal』でも販売している小判型のお弁当箱。ふたをかぶせるタイプなので高さギリギリまで詰め込めて見た目よりも大容量。形がしっかりしているものも、そうでないものも、側面にギュッと寄せればしっかり収まります。曲げわっぱの木地に漆をすり込む「すり漆」を施していているので汚れが落ちやすく、きれいな木目とつやのある茶色でおかずが映えるのが魅力。

[17×11×4cm]

\ 父 /

使用歴7〜8年。知り合いからいただいたものです。五角形の曲げわっぱ二段重ねは、家族のお弁当箱のなかで一番たくさん入ります。上手に詰めると見映えがいいけれど、一辺が短くて収め方を考えるのに毎日苦労しています。漆がけしてあるものより汚れがつきやすいけれど、水につけ置きするとカビやすいので、すぐ洗って、すぐ水けをふきとって乾かすことが長く使うコツ。

[直径約12×3.3〜4cm2個]

＼兄  ／

使用歴3年。「ご飯があったかいまま食べられるのがいい」と、自分で選んだお弁当箱。ご飯を入れる容器は魔法瓶になっていて昼までホカホカ。夏でも傷んだことはありません。2膳分は入る大容量です。傷みやすいおかずは別の2つの容器に常温で入れられます。自転車通学でどうしても登校の間に揺れてしまうので「おかずは小分けにしてほしい」という希望にもかなった形。専用ケースは保温もできます。
[直径11×9cm／9×8×5cm2個]

＼妹  ／

使用歴1年。高校入学前に、東急ハンズとロフトを一緒に練り歩き、自分で選んだドット柄のお弁当箱。小さいほうにご飯を詰めると軽く一膳分程度しか入らないので「足りないのでは?」と少々心配。円形のお弁当箱は一番詰めるのがむずかしくて、どうしてもすき間があいてしまいます。ふたのほうが出っ張っていて容器の内寸におさまるタイプなので、その分を考慮して上部を少しあけておかずを詰めます。
[直径約9.5〜10.5×約4〜5.5cm2個]

詰め方のコツ

キッチンが手狭なのでお弁当を詰めるのは食卓の上。おかずをのせたトレイ、ジップロックコンテナーに入れた作り置きおかず、アルミカップ、あらかじめご飯を詰めた4人のお弁当箱をズラリと並べて、家族が朝食を食べている横で行います。卵焼きや焼き魚などの大きさをお弁当箱に合わせて調整できるように小さいまな板とナイフも用意。味が混ざるのが嫌なのでカップや葉野菜を使ってしっかり仕切りたいほう。できるだけすき間があかないようにしながら詰めていきます。

基本の詰め方

おかずを作り始める前にご飯を詰めて冷ましておく。ぎゅうぎゅうに詰めると、食べるときに固まってしまうので、ふわっと。

最初に詰めるのはメインおかずから。詰める場所を想定したら、仕切りの葉野菜をしき、その上にカップを置く。

メインのおかずをカップのなかに入れる。詰め始める前に、すべてのおかずをしっかり冷ましておくのを忘れずに。

次に形がしっかりしているものを入れる。卵焼きなど切り分けるものは、詰めるときにお弁当の大きさに合わせて切る。

スペースをあけるために、メインのおかずを仕切りの葉野菜と一緒にぎゅっと端に寄せる。これですき間ができるのを防止。

あきスペースにおかずを詰める。このとき箸ですき間ができないように接しているご飯やおかずに寄せながら行う。

スペースが小さいところにカップを使いたいときは折りたたんでサイズを調整。サイズ別にたくさん用意しなくても大丈夫。

お弁当箱の曲線部分のあいたスペースには、形が自由になるマカロニサラダやひじきなどを最後に入れるときれいに収まる。

あらびき黒こしょうや七味唐辛子などは詰めてからふると表面に見えておいしそうに。ふるおかずに狙いを定めて。

ご飯の上に梅干しなどをのせるときは、その分を箸で少しくぼませる。そのまま置くと案外ふたについてしまうことが。

くぼませたところに梅干しなどを埋め込んで完成！

布やバッグについて

＼母／

アート展などで買った思い出の手ぬぐいやハンカチ。色や柄など個性的なものを含めて一番自由に選びます。

＼父／

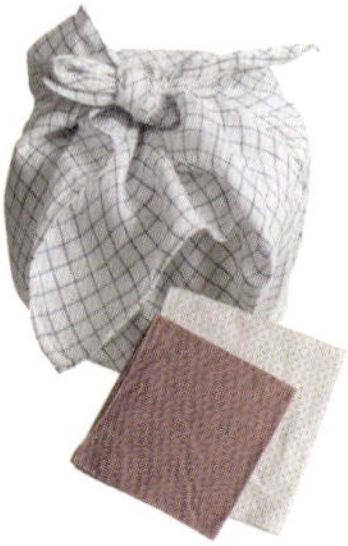

お弁当箱も中身も渋いことが多いので、布で明るさをプラス。赤いギンガムチェックやドットは定番。

＼妹／

水色×黄色のお弁当箱にはかわいい青系の布が合うみたい。さりげないキャラクターものも使います。

＼兄／

お弁当箱とセットになっている専用ケースがあるので布はなし。3年間使ったのでだいぶ年季ものに。

バスケットが布の定位置

ハンカチや手ぬぐいは洗濯をしたらアイロンをかけて、バスケットのなか（というか上？）に重ねておきます。かやふきんなども使います。

お弁当を包む布はハンカチや手ぬぐいを使っています。もともと大判のハンカチが多いので特別なものを用意せずに兼用です。ゴムバンドは持っていませんが、しっかり包めば親の曲げわっぱ弁当箱のようにパッキンがないものでも汁漏れすることはありません。洗濯後は定位置のかごのなかに入れて、手があいたときにアイロンをかけます。忙しいときはアイロンなしで包むこともありますが、やっぱりピシッとしていると気持ちがいいものです。

基本の包み方

1

細長い手ぬぐいなどを使うときは包みやすい長さに折り返す。

2

幅がなく包んでも間があきそうな場合、お弁当箱を斜めに置く。

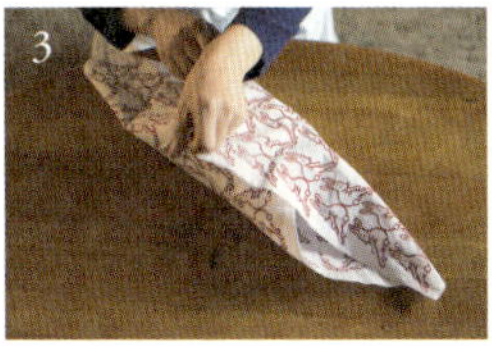

3

お弁当箱に合わせて両端の布を折り返し、かぶせてくるむ。

4

端を結びやすいようにギュッと細くしぼりながら持ちあげる。

5

両端を真ん中で2回結ぶ。

万が一の汁漏れに備えてバッグ選び

雑誌の付録の保冷バッグや、スーパーのショッピングバッグを愛用。防水性のある素材です。母はお店にマイカー通勤なので布のトートバッグを使っています。

常備している食材

漬け物

たくわん、野沢菜、梅干しなど少し入れるだけで色合いがきれいに。自分で漬けるのは大変だから市販のものを使用。産直には手作りのものも。

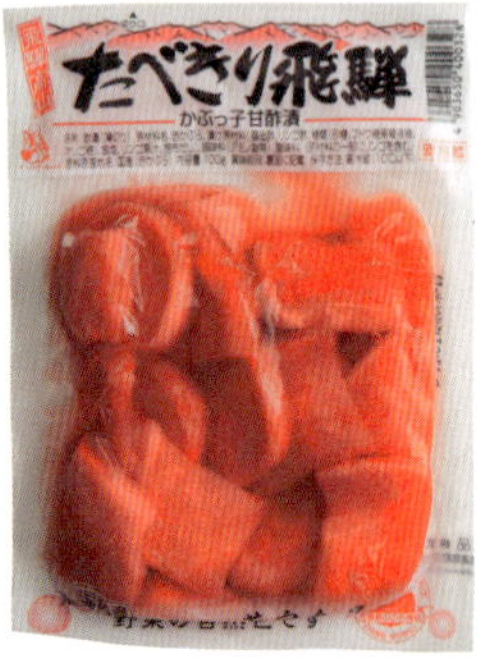

のり

息子ののり弁やおにぎりに毎日のように使っています。お店で並んでいるなかでなるべく高いものを購入。数百円の差で味が全然違います。

煮豆

私が豆好きで、箸休め的に甘いものがちょっとほしいときによく入れます。豆はたまに煮ますが、市販のものも使用。金時豆は赤っぽい色がアクセントに。

当日作るもの、作り置きおかずだけでお弁当をうめるのは結構大変。特にまーさんの大きなお弁当箱は詰めているときに「おかずが足りない！」という緊急事態になることもあります。そんなときのために市販の食材をストック。栄養面、彩り、味のバランスと、いろいろカバーしてくれるので大助かりです。パック売りの漬け物や煮豆、冷凍食品も使います。私はこういうものをちまちまと入れたいほうですが、まーさんは「ちまちま」は好きではないみたいです。

冷凍食品

寝坊してしまったときやすき間をうめたいときのお助けアイテム。ちくわの磯辺揚げ、春巻き、しゅうまい、ナポリタンがわが家のお気に入り。

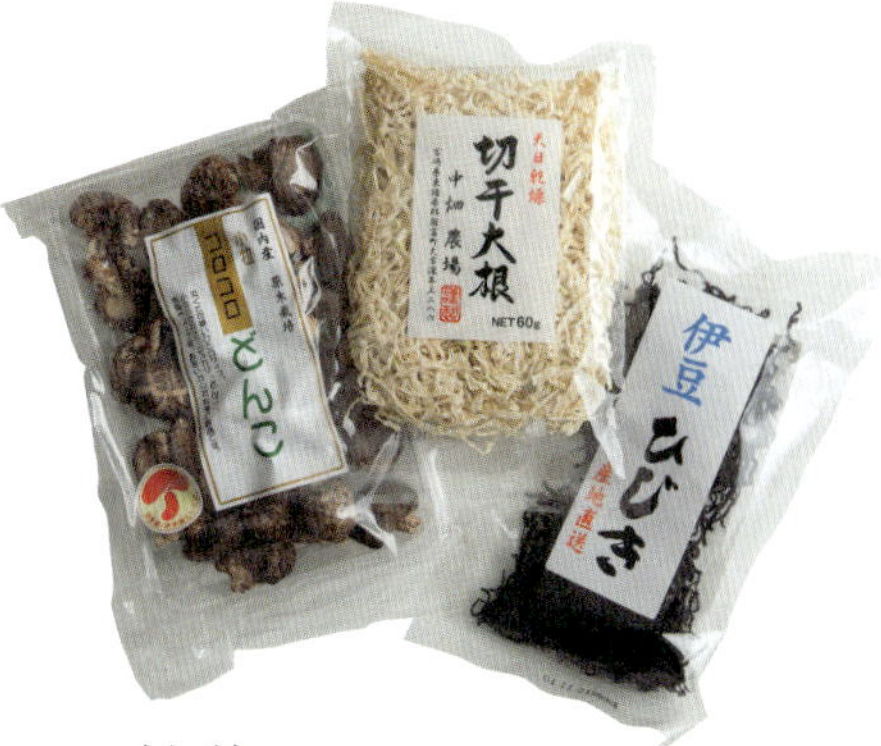

乾物

「明日のおかずが足りなそう……」というときのためにストック。ひじき、切り干し大根の煮物はすき間をうめるのに便利なおかずになります。

ナッツ、ごま、じゃこ

私の好物で、あえ物に、炒め物に、ご飯にかけたり……といろいろ活用。入れると味に変化がでます。健康食材なので毎日入れたいと思っています。

使っている調味料

おしょうゆは『海の精 生しぼり醤油』、お酢は『玉姫酢』や『千鳥酢』。おしょうゆとお酢には特にこだわっています。味にクセがなくて使いやすいです。油や塩などは、いろんなものを買って味を試してみるのが好きです。

エプロンについて

朝が弱いので、キッチンに立つ頃はまだ亡霊のような状態です（笑）。だからお弁当作りの前にエプロンをつけてひもをキュッと結び、やる気をだします。お気に入りは『而今禾《じこんか》』の白いもの。白は汚れてもどんどん漂白できるのがいいんです。生地が薄くて軽く、洗ってもすぐ乾きます。首のひもの長さが調節できるところも気に入っていて、このエプロンばかりを5枚も持っています。

第二章

夏のお弁当

カラフルな
夏野菜
満載弁当

Pick up

ミニトマトのおひたし

ミニトマトはへたつきのまま皮を湯むきする。市販の白だしを希釈して、一晩つける。

menu

鶏ひき肉のしそ巻き
夏野菜の揚げびたし
ミニトマトのおひたし
ゆでブロッコリー
枝豆おにぎり

当日調理：鶏ひき肉のしそ巻き（焼く）、枝豆おにぎり
作り置き：鶏ひき肉のしそ巻き（下ごしらえ）、夏野菜の揚げびたし、ミニトマトのおひたし、ゆでブロッコリー、枝豆おにぎり（枝豆をゆでる）

夏のお弁当は生野菜をなるべく入れたくないから、ゆでたり、揚げたりするものが多くなります。揚げびたしは、ちょっと手間はかかるけど、お弁当のふたを開けたときに夏野菜のカラフルな色が目に入ると元気がでます。しそ巻きは、いつもの作り置き鶏団子のたねを小判形にして、青じそでくるんで焼き、酢、みりん、水各大さじ1、しょうゆ小さじ2を煮からめて夏バージョンに。枝豆おにぎりは、友人のお弁当でチラ見した「俵形」に挑戦してみました。

menu

父

- うなぎのかば焼き
- ほうれん草の
ベーコン炒め
- 煮卵
- さつまいもの
レモン煮
- プチヴェールの
シーザードレッシング
- 梅干し
- いり黒ごま
- ご飯

母

- うなぎのかば焼き
- ほうれん草の
ベーコン炒め
- 煮卵
- プチヴェールの
シーザードレッシング
- 梅干し
- いり黒ごま
- ご飯

兄

- うなぎのかば焼き
- ほうれん草の
ベーコン炒め
- 煮卵
- プチヴェールの
シーザードレッシング
- いり黒ごま
- ご飯
- おかかおにぎり×2

妹

- うなぎのかば焼き
- ほうれん草の
ベーコン炒め
- 煮卵
- さつまいもの
レモン煮
- プチヴェールの
シーザードレッシング
- いり黒ごま
- のりたまふりかけ
- ご飯

当日調理：うなぎのかば焼き（あたためる）、ほうれん草のベーコン炒め
作り置き：煮卵、さつまいものレモン煮
買ったもの：うなぎのかば焼き、プチヴェールのシーザードレッシング、梅干し、いり黒ごま、のりたまふりかけ、かつおぶし、のり

Pick up

さつまいもの
レモン煮

鍋に水300cc、砂糖大さじ3、レモン汁½個分を入れて輪切りにしたさつまいも大1本を入れ、やわらかくなるまで煮る。そのまま冷まして味を含ませる（本当はくちなしを使うと色がきれいなのだけど、このひと手間がなかなか……）。

出張先の東京で、うなぎの名店『尾花』にいきました。三島の名産がうなぎなので都内で食べることはあまりないのですが、品のよいお味と、てきぱきうなぎを運ぶ店員さんの小気味よさに感動！　そのあと『カフェ・バッハ』までブラブラと歩いておいしい珈琲もいただき、元気がでました。家族もうなぎで夏バテ防止。特に暑いなか働く庭師には栄養補給しなくちゃね。

menu

父	母	兄	妹
牛肉のしぐれ煮	牛肉のしぐれ煮	牛肉のしぐれ煮	牛肉のしぐれ煮
冬瓜とえびの葛とじ	冬瓜とえびの葛とじ	かぼちゃの中華炒め煮	冬瓜とえびの葛とじ
かぼちゃの中華炒め煮	かぼちゃの中華炒め煮	にんじんといんげんのごまあえ	かぼちゃの中華炒め煮
にんじんといんげんのごまあえ	にんじんといんげんのごまあえ	のり弁	にんじんといんげんのごまあえ
梅干し	梅干し	わかめふりかけおにぎり×2	わかめふりかけ
ご飯	ご飯		ご飯

当日調理：冬瓜とえびの葛とじ、かぼちゃの中華炒め煮
作り置き：牛肉のしぐれ煮、にんじんといんげんのごまあえ
買ったもの：梅干し、わかめふりかけ、のり

普段はあまりお弁当に牛肉を使わないのですが、夏を元気にのりきるため！と思ってしぐれ煮を作りました。保存がきくし、ご飯がすすみます。しょうがのきいた甘辛味とのバランスを考えて、副菜はだしで薄味に煮た冬瓜を。薄い緑色をきれいにだすため皮を薄めにむくのがポイント。葛でとじると冷めてもプルンとしたとろみが残るのでお弁当向きです。

Pick up

牛肉のしぐれ煮

牛切り落とし肉200g、しょうがのせん切り2かけ分、酒大さじ4、しょうゆ、みりん各大さじ2弱、砂糖大さじ1をすべて鍋に入れ、水をかぶる程度に加え、煮汁がなくなるまで煮る。調味料を少し増やし、ごぼうやこんにゃくを加えても。

夏バージョンの鮭弁当

Pick up

鮭と長ねぎの南蛮漬け

鮭4切れはそれぞれ三等分に切り、片栗粉をまぶして揚げる。長ねぎは斜め薄切りにしてさっと炒める。だし80ccに、砂糖、酢、しょうゆ各大さじ1.5と赤唐辛子の輪切りを合わせたものに鮭とねぎを漬ける。

menu

鮭と長ねぎの南蛮漬け
青大豆のひたし豆
オクラの煮びたし
かぼちゃの黒ごま炒め
ヤングコーンのカレー炒め
ゆでアスパラガス
梅干し
のりたまふりかけ
ご飯

当日調理：かぼちゃの黒ごま炒め、ヤングコーンのカレー炒め
作り置き：鮭と長ねぎの南蛮漬け、青大豆のひたし豆、オクラの煮びたし、ゆでアスパラガス
買ったもの：梅干し、のりたまふりかけ

実家が魚屋さんの友人からいい鮭をいただきました。旬ではないのに、普段食べている鮭はなに?と思うほど味が濃くておいしい! 夏らしい食べ方を考えて南蛮漬けにしてみました。うちは魚も野菜もご近所さんや友人からおすそ分けをいただくことが多いんです。おすそ分けでいただくおいしいものというのは、その気持ちも含めて本当にうれしいもの。ありがたいことです。副菜は夏野菜をたっぷりと。オクラは輪切りにして星形の切り口を見せるのもかわいいけれど、ヘタをつけたまま縦半分に切ると華やかに。まーさんの雰囲気のあるお弁当箱にもよく合うので私はよくやります。

menu

父	母	兄	妹
豚肉、冬瓜、 ししとうの オイスター炒め	豚肉、冬瓜、 ししとうの オイスター炒め	豚肉、冬瓜、 ししとうの オイスター炒め	豚肉、冬瓜、 ししとうの オイスター炒め
ししゃものごま揚げ	ししゃものごま揚げ	ししゃものごま揚げ	ししゃものごま揚げ
ジャーマンポテト	ジャーマンポテト	ジャーマンポテト	ジャーマンポテト
にんじんしりしり	にんじんしりしり	にんじんしりしり	にんじんしりしり
梅干し	梅干し	のり弁	わかめふりかけ
ご飯	ご飯	たらこおにぎり、 鮭おにぎり	ご飯

当日調理：豚肉、冬瓜、ししとうのオイスター炒め、ししゃものごま揚げ、ジャーマンポテト、にんじんしりしり
作り置き：ジャーマンポテト（じゃがいもをゆでる）
買ったもの：梅干し、わかめふりかけ、たらこ、鮭、のり

たなかれいこさん主宰の『食のギャラリー612』からオイル類、塩、しょうゆなどを取り寄せたので、早く試したくて早起き。ほぼすべて当日調理の「炒め物弁当」に。オイスター炒めはサラダ油、にんじんしりしりはごま油、ジャーマンポテトはオリーブオイルを使いました。ごま揚げの衣づけに卵の白身だけ使ったので、しりしりは残りの黄身を足してとじました。

Pick up

にんじん しりしり

にんじんをスライサーでせん切りにしてツナ缶と一緒にごま油で炒め、塩、こしょうで調味してから卵でとじる。最後にしょうゆをひとたらしして風味づけを。

menu

父	母	兄	妹
鶏のスパイス焼き	鶏のスパイス焼き	鶏のスパイス焼き	鶏のスパイス焼き
きんぴらごぼう	きんぴらごぼう	きんぴらごぼう	きんぴらごぼう
にんじんしりしり	にんじんしりしり	にんじんしりしり	にんじんしりしり
焼きズッキーニ	焼きズッキーニ	焼きズッキーニ	焼きズッキーニ
ゆでアスパラガス	ゆでアスパラガス	ゆでアスパラガス	ゆでアスパラガス
梅干し	梅干し	のり弁	のりたまふりかけ
しいたけ昆布佃煮	しいたけ昆布佃煮	たらこふりかけおにぎり	ご飯
ご飯	ご飯		

当日調理：鶏のスパイス焼き、にんじんしりしり、焼きズッキーニ
作り置き：きんぴらごぼう、ゆでアスパラガス
買ったもの：梅干し、しいたけ昆布佃煮、のりたまふりかけ、たらこふりかけ、のり

暑くなるとなぜかスパイスのきいたおかずが食べたくなります。副菜は、日頃の労をねぎらう意味でまーさんにリクエストを聞いてみたところ「にんじんしりしりときんぴらごぼう」という返答。地味だけど、加熱調理をした野菜おかずはこの季節でも安心だし、採用しました。焼きズッキーニをプラスすると一気に夏っぽい雰囲気になりますね。

Pick up

鶏のスパイス焼き

フライパンにオリーブオイルを熱し、鶏もも肉を皮を下にして入れてあまり動かさずに強火でカリッと焼く。裏返して弱火にして火を通し、宮崎県のシーズニングスパイス『マキシマム』をふって一口大に切る。

夏バテ解消！
スタミナ弁当

Pick up

ゴーヤのごま酢あえ

ゴーヤは縦半分に切って、種とわたを取り除き、薄切りにする。塩もみして熱湯でさっとゆで、すりごま大さじ2、砂糖、酢各大さじ1、しょうゆ小さじ1を合わせたものであえる。ごま酢だれは蒸したかぼちゃ、なす、鶏肉にかけてもおいしい。

menu

豚肉とししとうの
しょうが焼き

ゴーヤのごま酢あえ

みょうがの甘酢漬け

焼きとうもろこし

焼きやまいも

あじの干物、白ごま、
青じそのまぜずし

おかかおにぎり

当日調理：豚肉とししとうのしょうが焼き、ゴーヤのごま酢あえ、焼きとうもろこし、焼きやまいも、あじの干物、白ごま、青じそのまぜずし
作り置き：みょうがの甘酢漬け
買ったもの：かつおぶし、のり

ちょっと夏バテ気味の家族に向けて、「酢の物と豚肉で夏をのりきろう!」という気持ちで作りました。子ども達は酢の物があまり好きではないので普段はお弁当には入れないけれど、夏だけは別。体のために残さず食べるようにいいます。ビタミンCが豊富なゴーヤは甘めのごま衣であえると食べやすいようです。はりきってスタミナがつきそうな脂の多い豚肉を買ったら、お弁当を食べる頃には、冷めて脂が固まっていたようでちょっと失敗……。次は赤身の多いお肉でやってみようと思いました。

menu

父	母	兄	妹
ラタトゥイユハンバーグ	ラタトゥイユハンバーグ	ハンバーグ	ラタトゥイユハンバーグ
ニラ入り卵焼き	ニラ入り卵焼き	ラタトゥイユ	ニラ入り卵焼き
煮豆	煮豆	ごま塩	煮豆
れんこんのきんぴら	れんこんのきんぴら	ご飯	れんこんのきんぴら
梅干し	梅干し		ゆかりふりかけ
ご飯	ご飯		ご飯

当日調理：ラタトゥイユハンバーグ（焼く）、ニラ入り卵焼き
作り置き：ハンバーグ（冷凍）、ラタトゥイユ、煮豆、れんこんのきんぴら
買ったもの：梅干し、ごま塩、ゆかりふりかけ

Pick up

ラタトゥイユハンバーグ

にんにくの薄切りと、食べやすく切ったナス、ズッキーニ、ピーマンをオリーブオイルで炒める。完熟トマトをつぶしながら入れ、塩、こしょう、ローリエを加えて水分をとばしながら煮詰める。作り置きの冷凍ハンバーグ（P119）を解凍して両面を焼いてから加える。

土曜日弁当につき、早弁用おにぎりはなし。作り置きしてあったラタトゥイユとハンバーグを合わせてメインにしました。息子はハンバーグと合わさっていると「ベタベタして好きじゃない」というので別盛りに。卵焼きにはスタミナアップを目指してニラをたっぷり投入。砂糖は入れずに塩味にして、食欲をそそる香りにするため油はごま油を使いました。

menu

父	母	兄	妹
ドライカレー	ドライカレー	ドライカレー	ドライカレー
おさかなハンバーグ	おさかなハンバーグ	おさかなハンバーグ	おさかなハンバーグ
ちくわの磯辺揚げ	ゆで卵	ゆで卵	ゆで卵
ゆで卵	オクラのドレッシングあえ	オクラのドレッシングあえ	オクラのドレッシングあえ
オクラのドレッシングあえ	蒸しかぼちゃ	蒸しかぼちゃ	蒸しかぼちゃ
蒸しかぼちゃ	いり黒ごま	いり黒ごま	いり黒ごま
いり黒ごま	福神漬け	福神漬け	福神漬け
福神漬け		おかかおにぎり×2	

当日調理：ドライカレー、おさかなハンバーグ（レンジ調理）、ちくわの磯辺揚げ（揚げる）、オクラのドレッシングあえ
作り置き：ゆで卵、オクラのドレッシングあえ（オクラをゆでる）、蒸しかぼちゃ
買ったもの：おさかなハンバーグ（冷凍）、ちくわの磯辺揚げ（冷凍）、いり黒ごま、福神漬け、かつおぶし、のり

Pick up

ドライカレー

玉ねぎ小2個、ナス1本、ピーマン2個はすべてみじん切りにして合びき肉400gと一緒にオリーブオイルで炒める。カレー粉大さじ2、ウスターソース大さじ1、こしょう少々で調味し、ご飯を加えて全体を炒め合わせる。

めずらしく家族全員のお弁当内容が一致した日。冷凍ご飯がたまっていたタイミングでドライカレーに。自宅ではご飯にのせるのですが、お弁当なので炒め合わせてみたところ、子ども達に大好評。メインが辛いものなので、合わせる野菜は甘いかぼちゃ。蒸し野菜は数種類同時に蒸して作り置きします。炒めご飯には卵はさっぱりゆで卵にするのがお決まりです。

朝のタイムスケジュール

朝はお弁当作りと朝食の準備、それから洗濯機を1日3回まわすのが日課。家族が起きてくるとキッチンの奥にある洗面台を使うので、それまでに調理を終わらせるのが理想です。お弁当は作るのに20分、冷ますのに20分、詰めるのに10分くらいはほしいもの。超がつくほど低血圧だから朝は本当に苦手ですが、寝ぼけた頭でも動けるように、段取りをしっかり決めておきます。それでもうっかり寝坊をしてしまって予定通りにいかず作り置きおかずや市販品に頼る日もあります。

		お弁当	家事
5：30	起床	おにぎりを作る	
	まず鉄瓶を火にかける。 早弁用のおにぎりを作る。 妹、父、母のお弁当箱にご飯を入れて居間に移動。 お湯が沸いたら、兄のお弁当保温ジャーにお湯を入れ、残りは白湯として飲みながらおかずを作る。 水筒に麦茶を入れる。	ご飯を詰める おかずを作る	洗濯機回す①（タイマー） 洗濯機回す②
6：00	朝食を作る	冷ます	
	朝食はパンのことが多い。 あいているコンロやトースターなどを使い朝食作り。 果物を切って、ヨーグルト、あたたかい飲み物を用意。 兄のお弁当保温ジャーのお湯を捨て、ご飯を詰める。		
6：20	兄朝食	おかずを詰める	
	朝作ったおかずを入れたバット、作り置きおかずを入れたジップロックコンテナーなどを居間に移動。 おかずを詰める。 早弁用のおにぎりをラップで包む。	写真撮影	
6：55	兄出発		
7：00	父、妹朝食		夕食の煮物作り 洗濯を干す① 洗濯機回す③
7：30	父出発		
8：00	妹出発　母朝食＆身仕度		洗濯を干す②③ 床にクイックルワイパー 玄関を掃く
9：00	母出発		

後藤家のキッチン

3　シンクの横の壁面はフックを貼りつけて、キッチンばさみなどをつるしている。
4　ガスコンロは2口。出窓に棚を取りつけ、ざるやバット、ジップロックコンテナーなどは洗ったらここで乾燥。

1　約2畳のコックピットのようなキッチンはなんでもすぐ手が届いて使いやすいが、奥の冷蔵庫の前に洗面台があり、朝は家族が出入りする。
2　背面には可動式棚を設置。普段使う食器はここに収納している。下には電子レンジなど調理家電もある。

お弁当作りに役立つもの

バット

切った食材を入れたり、できあがったおかずを冷ましたりするのに使います。味が混ざらないように数個あると便利。小さいものは100円ショップ、大きめのものは業務用。

小さいまな板

数枚を常備。大きなまな板を何度も洗わなくていいのが助かります。居間に持っていって、お弁当を詰めるときにおかずの大きさを微調整するのにも便利。100円ショップで購入。

深めのフライパン

焼く、炒めるはもちろん、さっと煮物をしたり、野菜をゆでたり、揚げ物をしたり……と万能。お弁当作りには直径が小さいものが便利。2つのフライパンはいつもフル回転しています。

たくさんの菜箸

いろいろな食材を調理したり詰めたりするのに、洗ったりふいたりせずに、どんどん使えます。京都の『有次』の盛りつけ箸は先が細く、おかずを詰めやすい。毎日使っても丈夫で長持ち。

\ 1つのフライパンでできること /

忙しい朝は洗いものもできるだけ少なくしたいもの。
手順を工夫すれば、洗わずに1つのフライパンで4つのおかずが作れます。

① 卵焼きを作る

卵焼き器を使わずに、フライパンで作ります。焼くときに多少失敗しても、あたたかいうちに巻きすの上に取りだし、ギュッと巻いて形を整えておけば、冷めた頃にはきれいな円形に。

巻きすで巻く

ペーパータオルで
さっと汚れをふいて……

② 炒め物、揚げ物

ウインナーをさっと炒めて取りだし、油を足して冷凍フライドポテトを揚げます。揚げ油は熱いうちにオイルポットに。油はペーパータオルでさっとふきます。

③ 野菜をゆでる

熱湯を沸かして、野菜をにんじん→ほうれん草→もやしと固い順に入れて一緒にざるにあげます。少し残った油のおかげで野菜がつややかにゆであがります。

夜にやること

宵っ張りなのでお弁当の準備はできるだけ夜にするほうがラク。週に2～3日は仕込みをして冷蔵庫で保存します。夕食の準備のときにゆでる、煮るなどの「ついで」に調理。夕飯を食べたあとお風呂に入るまでの間に野菜を肉で巻いたり、ひき肉をこねるような作業を。お風呂をあがってからはお米をといで炊飯器のタイマーをセット……というプランはあるものの、疲れているときは腰に根がはえてしまって動けなくなり、真夜中にお米をとぎ始めることもあります。

仕込みいろいろ

下味をつける

から揚げなど下味をつけるものは前の晩にやります。肉や魚をさわったあとの手は洗いたいのでお風呂の前に。

乾物を戻す

ジップロックコンテナーで戻します。夕方戻せば夕食後には調理できます。冷蔵庫で2〜3日置いておくことも。

煮物をする

煮物は作ってすぐ食べるよりも、一度冷まして味が染みたほうがおいしい！時間があるときに作り置きします。

野菜をゆでる

夕食を作るときにガスコンロがあいたらパパッとゆでてしまいます。野菜をゆでたあとのお湯でゆで卵も作ります。

お弁当メモ

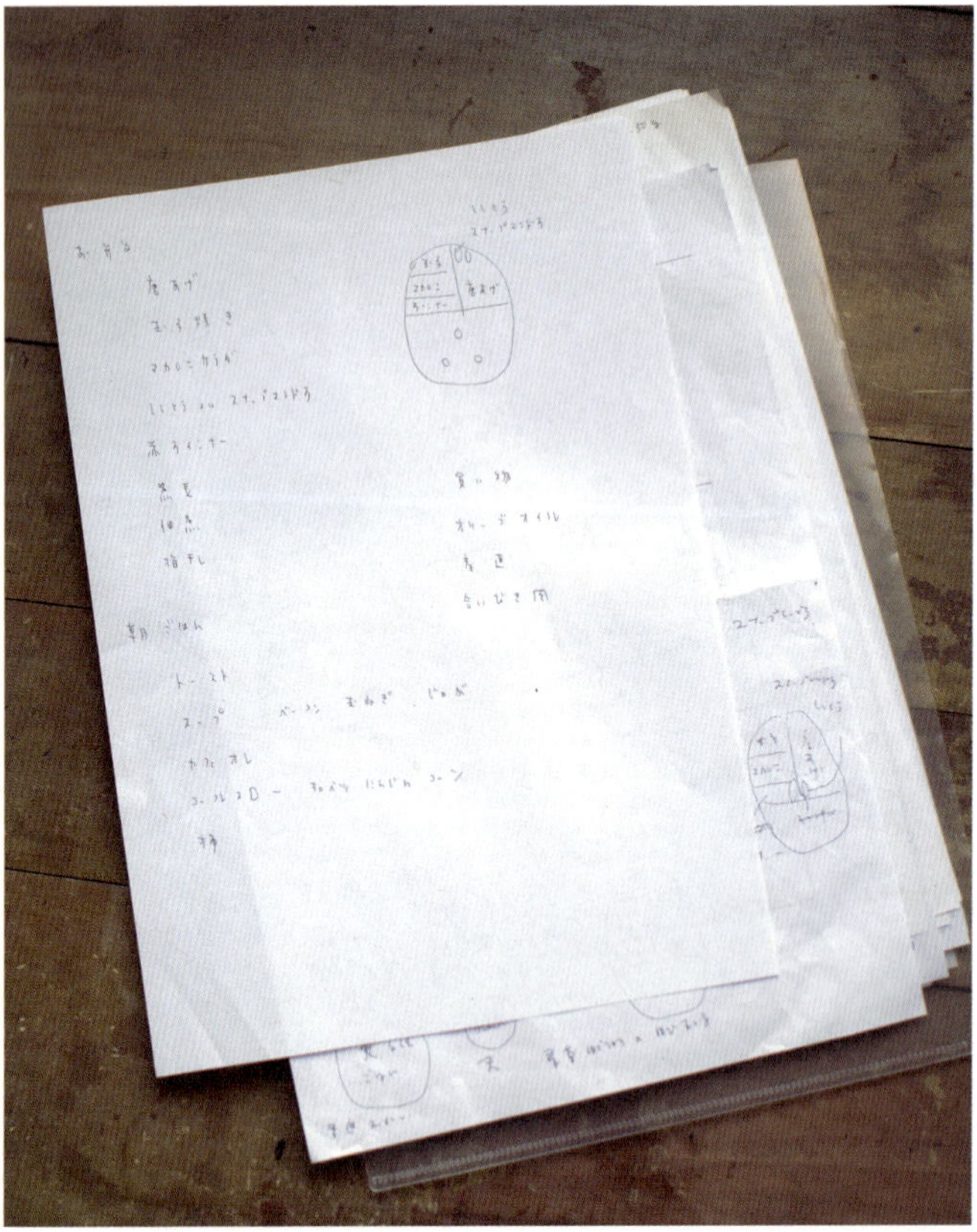

朝になにをやるのかが決まっていないと不安になるタイプ。だからお弁当の設計図はファックスの裏紙などに毎晩書いています。家族それぞれの「お品書き」を作り、詰め方もざっくりとイラストにおこします。考えたことをあらかじめアウトプットしておけば朝ボーッとしているときも、メモの通りにやればいい！そう思うと安心して眠れます。メモは保存しておけばいい思い出になるのかもしれませんが、終わったらすぐゴミ箱へ。全部とっておくとキリがないですから。

一服タイム

夜に仕込みをして、お弁当メモを書いたあとはお茶を飲んでひと息つくのがお決まり。お茶を飲んで、ほんの少しなにかをつまみます。高速回転で動いたあとにスローダウンしないと、ずっとそのペースが続いてしまって体も頭もしんどいですから。この習慣は子ども達が赤ちゃんのときから続いているもの。子どもの手の届かないところに器を置いて、立ちながらでも「一服タイム」を確保していました。いただきものやお取り寄せしたとっておきを楽しむこともありますが、お茶も、お茶菓子も高級なものじゃなくても十分。夜中にはお茶がほんの少しのお酒になったりすることも。テレビで深夜の映画を見ながら、大好きな音楽を聴きながら……たとえちょっと寝不足になっても、私にとっては欠かせないひとときなんです。

静岡に住んでいるのでお茶は地元のものがおいしい！ ナッツやチョコ、ドライフルーツなどを豆皿に盛って、ほんの一口だけ食べるのが、日々のささやかな楽しみです。

夏のお弁当で気をつけること

気温の高い夏はお弁当が傷まないかどうかが心配になります。なるべく生野菜は入れないようにする、ゆで卵はしっかり固ゆでにする、など普段以上に気を配っています。自分も家族と同じお弁当を食べていることが安全チェックになっているかもしれません。もう1つ、わが家独自の食あたり予防法は、ヨーグルト、キムチなどの発酵食品を普段の食事で多めにとること。腸内環境を整えて、体の内側からブロックする力をつけることも意外と大事だと思っています。

第三章

秋のお弁当

秋満喫！
母好みの魚弁当

Pick up

大根と干し柿のゆず酢あえ

大根は拍子木切りにして塩をふり、しばらくおく。干し柿も同じ大きさに切る。ゆずのしぼり汁と酢を合わせて大さじ2にし、砂糖大さじ1、ゆずの皮のせん切りを加えて混ぜ、水けをしぼった大根と干し柿を加えてあえる。

menu

さばの竜田揚げ

こんにゃくとごぼうの煮物

さつまいもの
オレンジジュース煮

大根と干し柿のゆず酢あえ

フリルレタス

梅干し

いり黒ごま

ご飯

当日調理：さばの竜田揚げ（揚げる）
作り置き：さばの竜田揚げ（下ごしらえ）、こんにゃくとごぼうの煮物、さつまいものオレンジジュース煮、大根と干し柿のゆず酢あえ
買ったもの：フリルレタス、梅干し、いり黒ごま

お魚がおいしい地域に住んでいるので食卓にはよくだしますが、お弁当となるとやはりお肉が多めになってしまいます。私はお魚が大好きなので意識的に入れていきたいほう。秋の脂ののったさばは竜田揚げにすると子どももよく食べます。しょうがをきかせるのが私流。気がつくといろいろな料理にしょうがをよく入れているような気がします。さつまいもは一年中お弁当に使いますが、やはり秋が一番おいしい。水は加えず果汁100％のオレンジジュースと砂糖で煮るレシピはわが家の定番です。

menu

父	母	兄	妹
肉巻き	肉巻き	たらこおにぎり	肉巻き
ウインナーソテー	ウインナーソテー		ウインナーソテー
かぼちゃの煮物	かぼちゃの煮物		かぼちゃの煮物
きのこととししとうのポン酢炒め	きのこととししとうのポン酢炒め		ゆでブロッコリー
さつまいもの煮物	ゆでブロッコリー		たらこ
ゆでブロッコリー	ラディッシュ		いり黒ごま
ラディッシュ	たらこ		ご飯
たらこ	いり黒ごま		
いり黒ごま	ご飯		
ご飯			

当日調理：肉巻き（焼く）、ウインナーソテー、きのこととししとうのポン酢炒め
作り置き：肉巻き（下ごしらえ）、かぼちゃの煮物、さつまいもの煮物、ゆでブロッコリー
買ったもの：ラディッシュ、たらこ、いり黒ごま、のり

Pick up

きのこととししとうのポン酢炒め

きのこととししとうを食べやすい大きさに切ってごま油で炒め、ポン酢を加える。きのこはまいたけ、エリンギなどお好みのもので。

息子が半日授業で友達とお昼を食べてから帰るとのことで、早弁用のおにぎりのみでお弁当が3つ。トンテキにしようと思って豚肉を買ってあったけど、娘の大好物の肉巻きに。お肉が立派すぎて上手に巻けませんでしたが、まあ、よしとしましょう。3つのお弁当と、息子のおにぎりを並べたら、妙に量が少なく感じて、「こうして、1つ減り、2つ減り……となっていくんだなぁ」と急に思いました。

menu

父	母	兄	妹
ブリの塩焼き	ブリの塩焼き	トンテキ	トンテキ
しらす入り卵焼き	しらす入り卵焼き	ナポリタン	しらす入り卵焼き
玉こんにゃくの甘辛炒め	玉こんにゃくの甘辛炒め	ゆでブロッコリー	ナポリタン
筑前煮	筑前煮	フリルレタス	フリルレタス
ナポリタン	焼き長ねぎ	ミニトマト	ミニトマト
焼き長ねぎ	フリルレタス	のり弁	青菜ふりかけ
フリルレタス	ミニトマト	青菜ふりかけおにぎり	ご飯
梅干し	梅干し		
いり黒ごま	いり黒ごま		
ご飯	ご飯		

当日調理：ブリの塩焼き、トンテキ、しらす入り卵焼き、ナポリタン（レンジ調理）、焼き長ねぎ
作り置き：玉こんにゃくの甘辛炒め、筑前煮、ゆでブロッコリー
買ったもの：ナポリタン（冷凍）、フリルレタス、ミニトマト、梅干し、いり黒ごま、青菜ふりかけ、のり

週末は「1週間お疲れ〜」という意味も込めて、親好み、子ども好みの主菜を2パターン作ることが多いかも。しらす入り卵焼きは、「なにも入っていないほうがよかった」と娘に不評。息子に「作ってもらっていて、そんなこというなよ」といわれると「お兄ちゃんは卵焼きを食べないのに！」と反論。やりとりを聞いてクスリと笑ってしまいました。

Pick up

トンテキ

豚ロース肉（トンカツ用）の筋を切ってから食べやすい大きさに切る。サラダ油をひいたフライパンで両面焼き、ウスターソース、しょうゆ、みりんを3：1：1の割合で合わせ、砂糖少しを加えて煮からめる。

秋の香りの
おいなりさんが
主役弁当

Pick up

ゆずいなり

油揚げ6枚を湯通しして菜箸を転がし、半分に切り袋状に開く。水400cc、砂糖、しょうゆ各大さじ4、だし、酒、みりん各大さじ2を合わせて煮立て、油揚げを加え汁けがなくなるまで煮る。炊き立てのご飯2合にすし酢大さじ3、砂糖大さじ2、塩小さじ1、ゆずのしぼり汁適量、ゆずの皮のみじん切り、白ごまを混ぜ合わせ、油揚げに詰める。

menu

しいたけの肉詰め
卵焼き
さといもの煮物揚げ
ほうれん草とにんじんのごまあえ
ゆずいなり

当日調理：しいたけの肉詰め（焼く）、卵焼き、さといもの煮物揚げ（揚げる）、ゆずいなり（酢飯を作って詰める）
作り置き：しいたけの肉詰め（下ごしらえ）、さといもの煮物揚げ（煮る）、ほうれん草とにんじんのごまあえ、ゆずいなり（油揚げを煮る）

一年中作るいなりずしも、晩秋になると酢飯の酢にゆずのしぼり汁を加えてゆずいなりにします。近所の産直ではこの時季になるとゆずやカボスがズラリと勢揃い。新鮮なかんきつ類がとても安く手に入ります。普段のおかずにギュッとひとしぼりするとたちまち和食っぽくなるので、季節限定のお助けアイテムです。甘く煮た油揚げは一度にたっぷり作り置き。休日のお昼はうどんにのせて、きつねうどんにします。あとは典型的な「リメイク」おかず弁当。しいたけの肉詰めは、鶏団子の肉だねを利用。さといもの煮物は片栗粉をまぶして揚げます。

menu

父	母	兄	妹
太刀魚の干物	太刀魚の干物	塩鮭	塩鮭
ちくわきゅうり	ウインナーソテー	煮卵	ウインナーソテー
卵焼き	ちくわきゅうり	ゆでブロッコリー	ちくわきゅうり
金時にんじんの甘煮	卵焼き	のり弁	卵焼き
大根の甘酢漬け	金時にんじんの甘煮	おかかおにぎり	ゆでブロッコリー
煮豆	煮豆		のりたまふりかけ
ゆでブロッコリー	ゆでブロッコリー		ご飯
梅干し	梅干し		
いり黒ごま	いり黒ごま		
ご飯	ご飯		

当日調理：太刀魚の干物（焼く）、塩鮭（焼く）、ウインナーソテー、ちくわきゅうり、卵焼き
作り置き：煮卵、金時にんじんの甘煮、大根の甘酢漬け、ゆでブロッコリー
買ったもの：煮豆、梅干し、いり黒ごま、のりたまふりかけ、かつおぶし、のり

秋の夜長で夜ふかししたからでしょうか。また寝坊してしまいました。今日は夢に奥田民生さんがでてきて、一回目覚ましで起きたものの、「もう少し続きを見たい！」と思ったら、次の瞬間6時16分でした。ギリギリでお弁当を作ることができるのも、作り置きがあるから。でも卵のかき混ぜ方が雑で、白身がよく混ざってなかった。反省しなくちゃね。

Pick up

金時にんじんの甘煮

鍋に1cm幅の半月切りにしたにんじん1本を入れる。ひたひたにだしを入れてしょうゆ、みりん各大さじ2を加え、やわらかくなるまで煮て、そのまま冷ます。

menu

父	母	兄	妹
アジフライ	アジフライ	アジフライ	アジフライ
卵焼き	卵焼き	青大豆のひたし豆	卵焼き
青大豆のひたし豆	青大豆のひたし豆	かぼちゃの煮物	青大豆のひたし豆
かぼちゃの煮物	かぼちゃの煮物	せん切りキャベツ	かぼちゃの煮物
せん切りキャベツ	せん切りキャベツ	ラディッシュ	せん切りキャベツ
ラディッシュ	ラディッシュ	のり弁	ラディッシュ
梅干し	梅干し		ゆかりふりかけ
ちりめん山椒	ちりめん山椒		ご飯
ご飯	ご飯		

当日調理：アジフライ、卵焼き、せん切りキャベツ
作り置き：青大豆のひたし豆、かぼちゃの煮物
買ったもの：ラディッシュ、梅干し、ちりめん山椒、ゆかりふりかけ、のり

アジは沼津の名物。だからアジフライにはこだわりがあるんです。小さいサイズのものに衣をつけてさっと揚げるのが身がふわふわで一番おいしい！　ときどき都内で「特大アジフライ」を目にすると「火が通るまでに固くなってしまうのでは!?」と思ってしまいます。小さめだからお弁当にもぴったりサイズです。今日は土曜日なので息子の早弁用のおにぎりはなし。

Pick up

青大豆のひたし豆

青大豆を一晩たっぷりの水につける。つけた水ごと鍋に移し、弱火でやわらかくなるまで煮る。別の鍋にだし300cc、塩、しょうゆ各小さじ1を煮立て、ゆで汁をきった大豆を加えてひと煮立ちさせる。

秋の訪れを
さりげなく
伝える弁当

Pick up

鶏と栗の煮物

鶏もも肉1枚を一口大に切ってサラダ油で炒める。むき栗1袋（150g）を加えて炒め、全体に油が回ったらだし400ccをひたひたになるまで注ぎ、しょうゆ大さじ2、みりん大さじ1を加えて栗がやわらかくなるまで煮る。

menu

鶏と栗の煮物
煮卵
かぶの塩もみ
金時にんじんの甘煮
ゆでロマネスコ
ゆかりふりかけ
ご飯
おかかおにぎり

作り置き：鶏と栗の煮物、煮卵、かぶの塩もみ、金時にんじんの甘煮、ゆでロマネスコ
買ったもの：ゆかりふりかけ、かつおぶし、のり

うっかり炊飯器をセットしないままリビングで寝てしまい、朝あわててご飯を炊きました。息子がでかける時間には湯気が取りきれず、おにぎりがラップのなかでベチャッとしてしまうので「朝のうちに食べてね」と伝言。こんなとき保温ジャーのお弁当箱だと、炊き立てを詰めても冷めるのを待たずにふたを閉められて便利。栗は子ども達もよく食べる旬素材です。お弁当に使うときは、ちょっと手抜きでむき栗を使って煮物にしますが、これだけでグッと秋らしさがでるような気がします。涼しくなって煮卵が固ゆでから半熟に変わっていること、子ども達は気づいているでしょうか？

日々のお弁当

menu

父	母	兄	妹
トンカツ	トンカツ	トンカツ	トンカツ
ウインナーソテー	ウインナーソテー	せん切りキャベツ	ウインナーソテー
卵焼き	卵焼き	ナポリタン	卵焼き
せん切りキャベツ	せん切りキャベツ	のり弁	せん切りキャベツ
ナポリタン	ナポリタン	鮭おにぎり	ナポリタン
梅干し	梅干し		のりたまふりかけ
野沢菜	野沢菜		ご飯
いり黒ごま	いり黒ごま		
ご飯	ご飯		

当日調理：トンカツ、ウインナーソテー、卵焼き、せん切りキャベツ、ナポリタン（レンジ調理）
買ったもの：ナポリタン（冷凍）、梅干し、野沢菜、いり黒ごま、のりたまふりかけ、鮭、のり

息子が大学に合格！ 試験に勝った！というわけでトンカツ。高校の合格発表のときに本気でお弁当作りに取り組む決意をしたのを思い出しました。４人で暮らせるのも、あと少し。健康な体で送りだせるようにご飯作りに励もう！と決意を新たに。トンカツは間にソースを少しつけて詰めます。息子はソースをつけるのが好きではないので、しょうゆ味ののり弁に。

Pick up

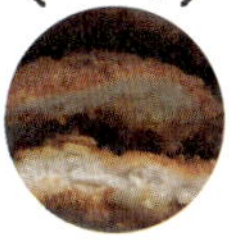

トンカツ

豚ロース肉（トンカツ用）は筋切りして塩、こしょうをふり、小麦粉、溶き卵、パン粉の順に衣をつけて揚げる。

menu

父	母	兄	妹
焼きそば	焼きそば	焼きそば	焼きそば
しゅうまい	しゅうまい	しゅうまい	しゅうまい
オクラの煮びたし	オクラの煮びたし	煮卵	煮卵
かぼちゃの煮物	かぼちゃの煮物	オクラの煮びたし	オクラの煮びたし
紅大根の甘酢漬け	紅大根の甘酢漬け	かぼちゃの煮物	かぼちゃの煮物
二十一世紀梨	二十一世紀梨		二十一世紀梨
四ツ溝柿	四ツ溝柿		四ツ溝柿

当日調理：焼きそば、しゅうまい（レンジ調理）
作り置き：煮卵、オクラの煮びたし、かぼちゃの煮物
買ったもの：しゅうまい（冷凍）、紅大根の甘酢漬け、二十一世紀梨、四ツ溝柿

Pick up

焼きそば

豚こま切れ肉、キャベツ、にんじんは食べやすい大きさに切る。しめじは小房に分ける。すべてをサラダ油で炒め、桜海老も加えて全体がしんなりしたら中華蒸し麺を加える。麺に火が通ったらソースで調味する。

なんだか疲れてしまって今日はご飯を炊かずに、焼きそば。年に数回、こんなこともあります。罪ほろぼしに普段はあまりつけないフルーツつき。四ツ溝柿は地元の特産品。渋柿ですが、渋抜きするととても甘くて歯ざわりがいいのが特徴です。だけど果物をあまり食べない息子だけはデザートなし。たぶん足りないと思うので学校の売店でなにか買ってもらいます。

お弁当のおかずを夕食に

お弁当のおかずは器に美しく盛ったり、黒こしょうやごまなどをプラスしたりするだけでおもむきがかわります。私の好みでうちは作家さんの器が多いのですが、「どうやったら雰囲気がかわるかな」と器の色合わせなどを考えて盛るのが私の楽しみでもあるんです。

ポテトサラダは白い色が映える黒の中鉢に盛ってあらびき黒こしょうを。副菜は6寸くらいの中鉢に。増田勉さんの黒釉の器は深さがあるので、カレーやシチューにも使います。

メインのおかずは大皿か8〜9寸の大鉢に。吉田直嗣さんの白磁の大鉢は、ハンバーグを盛ってもソースが染みる心配もなし。お弁当の様子と変化をだすため、中高に重ねて盛ります。

れんこんのきんぴらは中里花子さんの角皿に盛って、いり白ごまを。渋い色でマットな丸い器が多いところに艶やかで色のある角皿を入れると、食卓の見え方がだいぶかわります。

ゆでた青菜が残っているときは、お揚げと合わせてだしでさっと煮ます。花岡隆さんの小鉢は渋い粉引の質感が好き。つゆを注ぐことはないけれど、片口がついているだけで愛嬌が。

箸休めとして1品はさっぱりしたものを小鉢に。かぶの浅漬けには塩昆布をのせて。長谷川奈津さんの黄色釉の器はわが家の新入り。最近は色のあるものを少しずつ買い足しています。

豆苗ナムルは紅しょうがをのせて彩りをプラス。これだけで味にもぐっと変化がつきます。浅鉢は長谷川奈津さんのもの。ろくろが上手で、シンプルながらきれいな形を作る作家さんです。

作り置きをリメイク

↓

カット済み野菜をサラダに

細切りにんじんと塩もみキャベツはポリ袋に入れて冷蔵庫にストック。塩もみもポリ袋なら手が汚れません。にんじんは炊き込みご飯やあんかけに、キャベツはあえ物にすることが多いのですが、合わせてお酢、マヨネーズ、コーンを足せばコールスローに。

↓

ゆで野菜を肉巻きに

ごまあえ、白あえ、ナムルなどに便利なゆで野菜。おひたしにして焼きのりやじゃこなどを加えることも。キッチンに立っているときに火口があいたら作っておきます。副菜はもちろん、薄切り肉で巻いて照り焼きにすれば立派なメインおかずになります。

週に2〜3日仕込む作り置きのものは、お弁当にも夕食にもどんどん使って2〜3日で食べきるので、たっぷり作っても飽きてしまうことはありません。お弁当も4人分だと1食分と変わらないので、案外あっというまになくなってしまいますが、リメイクして食べることを見越して、あえて一度に多めに作ることもあります。

野菜もいちいちまな板をだして調理するのが大変なので、買ってきたら半分はきざんだり、下ゆでしたりします。ただ野菜については、使いきり

↓

ひじき煮を白あえに

ひじき煮はよく作り置きしますが、濃い味なので飽きやすいのが難点です。そんなときは豆腐をプラスして五目白あえに。煮物から作るのは大変だけど、リメイクならパパッと作れます。ほかにもきんぴらなど甘じょっぱい味の常備菜で同様にできます。

↓

から揚げを甘酢漬けに

から揚げはわざと多めの分量を下味をつけて仕込んでおき、一気に揚げてしまうこともあります。たとえば私が次の日のお弁当のメインおかずで魚が食べたいなぁ〜というとき、子ども達はあまったから揚げを甘酢漬けに。紫玉ねぎや貝割れ菜もプラスします。

方を読むことがなかなかむずかしいもの。特にカット済みの生野菜はできるだけ早く使うようにしているけれど、3日たってしまったら最後には夕食のお味噌汁にドサッと入れたりします。

私は食材を無駄にするのが好きではないんです。『hal』も、最初は食堂にしようかと思ったのですが、子どもがまだ小さくて病気をすることが多かったので「突然お休みになったら食材がダメになる!」と考えて雑貨店にしたくらいですから。家族で食べる日々の食材も同じです。

自分で食べてみてわかること

お弁当は毎日ひとり、自分のお店で食べます。子ども達を含めた4つのお弁当作りが始まってからは、外でお弁当を買うこともなくなりました。自分で食べると、時間がたったときのおかずの味がどう変化するかよくわかります。毎日同じように作っているようで結構違うのです。家族に「今日、おいしかった？」とくり返し聞くより参考になるかもしれません。『hal』に置いてあるお弁当アイテムは自分の経験をいかして選んでいます。

『hal』にあるお弁当アイテム

お弁当を包みやすい大判ハンカチ。麻は布作家、西館美奈さんのもの。ストライプがかっこいい（1600円）。白は結んだときにハートの刺繍がチラリと見えます（1500円）。

「お弁当箱は辺が直線のほうが詰めやすい」と常々思っています（9000円）。スス竹箸箱セットは大きめで普段の食事に使うサイズだから男性にもおすすめ（3000円）。

定番の『スタンレー』のクラシックボトルはちょっと重いけど保温性にとても優れていて丈夫。洗いやすいのもいいですね。0.47ℓの容量もお弁当にぴったり（5400円）。

すり漆の小判型お弁当箱は自分が愛用しているもの（大8700円、中8200円）。京都の『公長齋小菅』の漆角箸は先が細く削ってあり、軽くて持ちやすい（2100円）。

私のお弁当ヒストリー

お弁当を作り始めたのは高校生の頃。母の作るお弁当に「もっと見映えのいいお弁当を作ってほしい」と文句ばかり並べていたら「だったら自分で作りなさい！」といわれたんです。突然だったけど料理は好きだったので、自分で作るのは嫌ではなかったですね。

そのあと、東京でひとり暮らしをしながら雑貨店に勤めていた時代も、庭師と結婚してからもお弁当作りは続きました。

子どもが生まれてからは、育児に疲れてさぼりがちに。幼稚園もお弁当は月1回だったし、小学校のときも遠足とか運動会とかたまにあるくらい。子ども達は友達と一緒だと嫌いなものも残さず食べてくるので、いろいろ詰めていました。

中学になると部活のある土日がお弁当に。寝坊できる日がなくなり、ブーブーいいながら作っていました。子ども達も嫌いなものを入れると露骨に残してくるように。お弁当作りに後ろ向きになっていた時期かもしれません。

息子が高校に入学して「3年間の期限つきで頑張ろう！」と心に決めてからは、すごく前向きになりました。楽しいのが9割。あとの1割は早起きがつらい部分かな。作り置きのおかげでずいぶんラクになってます。

第四章

冬のお弁当

大人かわいい
渋うま冬弁当

えびの揚げ団子

ブラックタイガーを包丁でたたき、塩と片栗粉各適量をまぶして、丸めて揚げる。

menu

えびの揚げ団子
筑前煮
セリとまいたけのナムル
紅大根の漬け物
ぎんなんとかぶの葉の塩もみの混ぜご飯

当日調理：えびの揚げ団子、ぎんなんとかぶの葉の塩もみの混ぜご飯
作り置き：筑前煮、セリとまいたけのナムル
買ったもの：紅大根の漬け物

かぶは夕食でとろんと煮て食べたので、残りの葉を塩もみに。ホクホクのぎんなんとともにごま油をきかせて混ぜご飯にしました。えびの揚げ団子は、いろいろな調味料を入れていないのにうまみたっぷりに仕上がるとっておきのレシピ。丸い形ときれいな色合いで、なんだかかわいらしいお弁当になりました（中身は渋いけど）。野菜は普段から根菜を積極的に食べていますが、寒くなるとより多めになります。筑前煮は一年中作るけれど、やっぱり冬がおいしいです。干ししいたけは欠かせない材料。煮物は干ししいたけを入れるとだいたいのものがおいしい風味になる！って思ってます。

menu

父	母	兄	妹
豚肉と玉ねぎのポン酢炒め	豚肉と玉ねぎのポン酢炒め	豚肉と玉ねぎのポン酢炒め	豚肉と玉ねぎのポン酢炒め
さといもの煮物	さつまいものオレンジジュース煮	煮卵	煮卵
ピーマンのじゃこ炒め	ピーマンのじゃこ炒め	ミニトマト	さつまいものオレンジジュース煮
紅大根の甘酢漬け	紅大根の甘酢漬け	レタス	煮豆
ほうれん草とにんじんの白あえ	ほうれん草とにんじんの白あえ		ピーマンのじゃこ炒め
ゆでカリフラワー	梅干し		ミニトマト
梅干し	たくわん		
たくわん	いり黒ごま		
いり黒ごま	ご飯		
ご飯			

当日調理：豚肉と玉ねぎのポン酢炒め、ピーマンのじゃこ炒め
作り置き：煮卵、さつまいものオレンジジュース煮、さといもの煮物、ほうれん草とにんじんの白あえ、ゆでカリフラワー
買ったもの：紅大根の甘酢漬け、ミニトマト、レタス、梅干し、たくわん、いり黒ごま

子ども達は試験期間中なので、お弁当は家で食べます。おかずだけ詰めて炊飯器のご飯をよそって食べてもらいます。私は前日、お弁当箱をお店に忘れてしまったので、宮崎杉の二段弁当箱を使いました。円形のお弁当箱に慣れていましたが、四角のお弁当箱はなんて詰めやすいんでしょう！ やはりお弁当箱は辺があったほうがきちんと収まりますね。

Pick up

ピーマンのじゃこ炒め

細切りにしたピーマンとじゃこをごま油で炒め、だし100cc、しょうゆ大さじ1、みりん、酒各小さじ2を加えて炒め煮し、そのまま冷ます。

Pick up

根菜ときのこの煮物

にんじん小1本は半月切り、大根5cmはいちょう切りに、こんにゃく小1袋は湯通しして一口大にちぎり、えのきだけ1袋は石づきを切り落とす。鍋に入れ、だし200cc、砂糖、しょうゆ、酒各大さじ2を加えてやわらかくなるまで煮て、冷まして味を含ませる。

menu

㊝父	㊝母
かわはぎの干物	かわはぎの干物
しゅうまい	しゅうまい
オクラの煮びたし	オクラの煮びたし
きんぴらごぼう	きんぴらごぼう
根菜ときのこの煮物	根菜ときのこの煮物
ラディッシュ	ラディッシュ
ちりめん山椒	ちりめん山椒
ご飯	ご飯

当日調理：かわはぎの干物（焼く）、しゅうまい（レンジ調理）
作り置き：オクラの煮びたし、きんぴらごぼう、根菜ときのこの煮物
買ったもの：しゅうまい（冷凍）、ラディッシュ、ちりめん山椒

子ども達が午前授業の日。ふたりとも「お昼は友達と食べてくる」とのこと。はいはい、楽しんでおいでー！というわけで、老夫婦のみのお弁当となりました。茶色い、地味な感じです。沼津自慢の魚屋さん『山正』のかわはぎの干物は、まーさんが『山正』のご自宅の庭木を剪定したときに、おみやげにいただいたもの。かわはぎは骨が細かくて子どもは嫌がりますが、本当においしい魚だとしみじみ感じます。塩加減も絶妙。お弁当に入れるときには、大きな骨をはずしておくと食べやすいです。作るのは簡単だけど、大人の贅沢弁当です。

お正月のおせち
アレンジ弁当

ピーナッツなます

大根はせん切りにして塩をふってしばらくおき、水けをしぼる。せん切りにした金時にんじんと合わせ、砂糖、酢各大さじ1、塩少々を合わせたものであえ、ピーナッツの粉を入れる。

menu

ブリの照り焼き
ニラ玉
ピーナッツなます
むしカリフラワー
梅干し
くるみじゃこ
野沢菜
ご飯

当日調理：ブリの照り焼き、ニラ玉
作り置き：ピーナッツなます、むしカリフラワー
買ったもの：梅干し、くるみじゃこ、野沢菜

ブリは、五角形のお弁当箱の一辺に合わせて切ってから焼きます。切り身の六面がすべて焼けているほうがおいしいし、焼いてから切ると身がボロボロになってしまうので。蒸し野菜は数種類を一度に蒸して、ストックしておきます。ピーナッツの粉を入れるなますは、姉の家でおせちを食べたときに入っていてとてもおいしかったので、わが家でも採用。姉の義母は料理がとても上手で憧れの先輩主婦です。酸味が少しマイルドになって、酢の物が苦手な人にもおすすめ。これって静岡特有のレシピらしいです。

menu

父	母	兄	妹
鮭のごま揚げ	鮭のごま揚げ	鮭のごま揚げ	鮭のごま揚げ
鶏団子の照り焼き	鶏団子の照り焼き	鶏団子の照り焼き	鶏団子の照り焼き
かぼちゃのソテー	かぼちゃのソテー	ゆで卵	ゆで卵
切り干し大根とにんじんの煮物	焼きとうもろこし	かぼちゃのソテー	かぼちゃのソテー
焼きとうもろこし	ゆで小松菜	せん切りキャベツ	焼きとうもろこし
ゆで小松菜	ミニトマト	ミニトマト	ゆで小松菜
梅干し	梅干し	のりたまふりかけ	ミニトマト
くるみじゃこ	くるみじゃこ	ご飯	のりたまふりかけ
ご飯	ご飯		ご飯

当日調理：鮭のごま揚げ、鶏団子の照り焼き、かぼちゃのソテー、せん切りキャベツ、焼きとうもろこし
作り置き：鶏団子（冷凍）、ゆで卵、切り干し大根とにんじんの煮物、ゆで小松菜
買ったもの：ミニトマト、梅干し、くるみじゃこ、のりたまふりかけ

Pick up

鮭のごま揚げ

一口大に切った鮭に卵の白身をからめていり白ごまをつける。中温に熱した油でカラリと揚げる。

学校が半日日程の日なので早弁用のおにぎりはなし。私がごま好きなので、うちのお弁当にはごまがたくさん登場します。ごま揚げはまぶして揚げるだけで香ばしい衣になり、栄養価もアップ。お弁当の栄養バランスについてはまーさんが基準。好き嫌いがないからこそなにを入れるか考えます。「野菜から食べてね」といってますが、守ってくれているでしょうか？

menu

父	母	兄	妹
ささみのから揚げ	ささみのから揚げ	ささみのから揚げ	ささみのから揚げ
塩鮭	卵焼き	煮卵	塩鮭
卵焼き	プチヴェールのごまドレッシング	プチヴェールのごまドレッシング	卵焼き
プチヴェールのごまドレッシング	紅大根の甘酢漬け	のり弁	プチヴェールのごまドレッシング
紅大根の甘酢漬け	梅干し	鮭おにぎり×2	紅大根の甘酢漬け
梅干し	たくわん		のりたまふりかけ
たくわん	ご飯		ご飯
ご飯			

当日調理：ささみのから揚げ（揚げる）、塩鮭（焼く）、卵焼き
作り置き：ささみのから揚げ（下ごしらえ）、煮卵
買ったもの：プチヴェールのごまドレッシング、紅大根の甘酢漬け、梅干し、たくわん、のりたまふりかけ、鮭、のり

Pick up

ささみのから揚げ

ささみ5〜6本は切り込みを入れ、しょうゆ、酒各大さじ2、しょうがのすりおろし小さじ1を合わせたものに一晩つけ込む。葛粉（または片栗粉）をまぶして中温でカラリと揚げて、食べやすい大きさに切る。

ささみのから揚げはまーさんの大好物。「もも肉よりもささみ！」だそうです。葛粉があったので、試しに片栗粉のかわりにまぶして揚げてみました。冷めてもカリッとしていてよかったです。まーさんと娘のお弁当に入れた塩鮭は、ほぐして息子のおにぎりの具に。息子に「今日の早弁おにぎりは鮭だよー」というと、「やったー！」と喜んでました。

新レシピに
いろいろ
チャレンジ弁当

Pick up

大根のピリ辛炒め煮

拍子木切りにした大根8cm分、赤唐辛子の小口切り1本分をごま油で炒める。だしをひたひたに入れ、砂糖、しょうゆ各大さじ3、酒大さじ1を加えて煮る。

menu

鶏ごぼうのトマトソース煮
栗の甘露煮焼き
春菊の白あえ
大根のピリ辛炒め煮
わかめふりかけ
ご飯
おかかおにぎり

当日調理：栗の甘露煮焼き、春菊の白あえ
作り置き：鶏ごぼうのトマトソース煮、大根のピリ辛炒め煮
買ったもの：わかめふりかけ、かつおぶし、のり

鶏とごぼうという和風の煮物のコンビですが、子どもウケをねらってトマトソース煮にトライしたら好評。子ども弁当のおかず作りで、新しいオリジナルレシピが誕生することが多いかもしれません。栗の甘露煮を網焼きするのは、前に有元葉子さんの本を見てから定番に。わが家では栗きんとんがわりにおせちにも入れます。白あえを泡立て器を使って作るのは重信初江さんのやり方をまねっこ。マンネリになりがちなお弁当も、ときどき新しい方法を取り入れてみます。

menu

父
- ハンバーグ
- カニカマ入り卵焼き
- 春菊のごまあえ
- バジル入り ポテトサラダ
- ミニトマト
- 梅干し
- いり黒ごま
- ご飯

母
- ハンバーグ
- カニカマ入り卵焼き
- 春菊のごまあえ
- バジル入り ポテトサラダ
- ミニトマト
- 梅干し
- いり黒ごま
- ご飯

兄
- ハンバーグ
- 煮卵
- フリルレタス
- ミニトマト
- のり弁
- 鮭フレークおにぎり

妹
- ハンバーグ
- カニカマ入り卵焼き
- バジル入り ポテトサラダ
- フリルレタス
- ミニトマト
- 鮭フレーク
- ご飯

当日調理：ハンバーグ（焼く）、カニカマ入り卵焼き
作り置き：ハンバーグ（冷凍）、煮卵、春菊のごまあえ、バジル入りポテトサラダ、鮭フレーク
買ったもの：フリルレタス、ミニトマト、梅干し、いり黒ごま、のり

安定人気のハンバーグ（作り置きなので母はラクチン）弁当です。買った鮭があまりおいしくなかったので、鮭フレークにしたら娘からおほめの言葉をいただきました。産直の店で破格の安さだったバジルはポテトサラダに入れてみました。普段は塩と砂糖だけで味つけする卵焼きは、カニカマ入りのときはだしと薄口しょうゆでうまみをきかせた薄味にします。

Pick up

鮭フレーク

甘塩鮭は焼いてからほぐし、酒、みりん同量で炒り煮する。塩少々で味をととのえ、白ごまを加える。

menu

父	母	兄	妹
鶏のから揚げ	鶏のから揚げ	鶏のから揚げ	鶏のから揚げ
煮卵	煮卵	煮卵	煮卵
かぼちゃのソテー	かぼちゃのソテー	かぼちゃのソテー	かぼちゃのソテー
じゃがいもといんげんのジェノベーゼ	じゃがいもといんげんのジェノベーゼ	じゃがいもといんげんのジェノベーゼ	じゃがいもといんげんのジェノベーゼ
ほうれん草ののりあえ	ほうれん草ののりあえ	ほうれん草ののりあえ	ほうれん草ののりあえ
ミニトマト	梅干し	ミニトマト	ミニトマト
梅干し	昆布の佃煮	のりたまふりかけ	のりたまふりかけ
昆布の佃煮	ご飯	ご飯	ご飯
ご飯		たらこおにぎり	

当日調理：鶏のから揚げ（揚げる）、かぼちゃのソテー、じゃがいもといんげんのジェノベーゼ（あえる）、ほうれん草ののりあえ（あえる）
作り置き：鶏のから揚げ（下ごしらえ）、煮卵、じゃがいもといんげんのジェノベーゼ（じゃがいも、いんげんをゆでる）、ほうれん草ののりあえ（ほうれん草をゆでる）
買ったもの：ミニトマト、梅干し、昆布の佃煮、のりたまふりかけ、たらこ、のり

息子の最後のお弁当になりました。リクエストは「から揚げと煮卵」。あまりにもいつも通りなので、ほかにも息子の好きなものを詰めてみました。あれもこれもと思ったら、ちまちましたお弁当になってしまって反省。私がキッチンに立っていると、のぞきに来ていた息子がいなくなるなんてまだ実感できません。「お母さん便」でから揚げを送りつけちゃうかも（笑）！

Pick up

じゃがいもといんげんのジェノベーゼ

蒸したじゃがいもといんげんを市販のバジルソースであえる。

息子に持たせたいもの

この春から息子はひとり暮らしを始めます。お弁当を4個作るのも終わり。ひとりになってからの食生活がちょっと心配です（なにしろパスタもゆでたことがないので！）。せっかく親が雑貨店をやっているので、器はきちんとしたものを揃えてあげました。ミニマムに選んでみたら「あら、うちもこれだけの器でやっていけるんじゃないかしら？」と思ってしまいました。これだけ持たせれば変なものは買わずにすむはず（笑）。立派なご飯じゃなくても、少しは豊かな食事になるでしょう。「食」をなによりも大事にしてきた私の育児の総仕上げです。

濱田正明さんの飯碗は格子と縦縞を1つずつ。ろくろがきれいなので重ねても収まりがいいんです。お箸はわが家と同じ『公長齋小菅』の漆角箸のものを。

『石川漆宝堂』の漆椀。高台がないのでいろいろな用途に使えるのが便利。作家さんのものではないので漆にしてはリーズナブルで気兼ねなく使えます。

濱田正明さんの麺どんぶり。ラーメンはもちろん、軽いのでご飯をたっぷり入れても持ちやすいんです。カレーも専用の皿なんて10年早いからこれを使えばいいですよね。

『カイ・ボイスン』のカトラリー。使いやすさと形の美しさが世界で認められているブランド。わが家でも大活躍しています。ちょっと贅沢だけど長く使える逸品です。

イタリアの業務用プレートブランド『サルタニア』の皿。オーバルのものがあるとおもむきが変わります。チャーハンなどを入れてもいいですね。

うすはりグラスは「持っていきたい」と息子からのリクエストがあったもの。そういえば小学校のときから自分でこれを選んで牛乳もカルピスも飲んでましたね。

マグカップは井山三希子さんのプロダクトのもの。ナンバー入りでお友達が遊びにきたときにもわかりやすい！　電子レンジ調理もガンガンできる丈夫さが魅力です。

『JICON』の白磁菊皿を大きさ違いで。薄くて繊細な感じがするけど、磁器なので固くて扱いやすいです。小皿はお寿司やギョーザのしょうゆ皿に。

業務用のコップは複数持たせようと思っています。丈夫で割れにくいので、お友達がきたときにはうすはりグラスよりもこっちを使ったほうが安心かもしれません（笑）。

定番お弁当おかずのレシピ

定番おかずのなかでもアレンジがきくものを選んでみました。わが家でいつも作っている分量ですので、お弁当で使いきれない場合は夕食のおかずにしたり、作り置きおかずとして保存してくださいね。

鶏のから揚げ

にんにくを入れないかわりに、焼き肉のたれを少し入れるのがわが家流。カリッとさせるために必ず二度揚げにします。

材料(4人分)

鶏もも肉…700g

A
- しょうが(すりおろす)…ひとかけ分
- しょうゆ、酒…各大さじ2
- 焼き肉のたれ(市販)…大さじ1

片栗粉…適量

揚げ油…適量

作り方

1 鶏肉は余分な脂を除いて一口大に切り、ポリ袋に入れてAをもみ込んで下味をつける(できれば一晩つける)。

2 1に片栗粉を入れてしっかりつける。フライパンに揚げ油を入れて中温で揚げて、一度取りだして3分おく。

3 揚げ油の温度を高温にして、カラリとなるまで二度揚げする。

アレンジ

●甘酢づけにする。

●もも肉をささみに、粉を葛粉にする。

プレーン鶏団子

娘が大好きな鶏団子はポリ袋で作る方法を知ってから作りやすくなりました。アレンジがきくので冷凍保存をしておくと便利。

材料(20〜30個分)

鶏ひき肉(もも肉のもの)…400g

長ねぎ(みじん切り)…1本

卵…1個

片栗粉…大さじ2

しょうが(すりおろす)…小さじ2強

塩、酒…各少々

作り方

1 ボウルに材料をすべて入れ、手で粘りけがでるまで練り混ぜる。

2 1をポリ袋に入れて角を少し切り落とし、鍋に沸かした熱湯のなかに20〜30個の団子ができるようにしぼり落とす。浮きあがってきたら玉じゃくしなどですくい、水けをきってバットに取りだす。

アレンジ

●大根や冬瓜と一緒に煮る。

●照り焼きにする。

●生の肉だねを青じそで巻いてから焼いて甘酢で味つけする。

プレーンハンバーグ

ハンバーグだねはマヨネーズを入れるとふんわり焼きあがります。わが家では10個でお弁当1回分。焼いてから冷凍保存します。前日仕込みなら冷蔵保存でOK。

材料(4人分)
合びき肉…500g
玉ねぎ(みじん切り)…1個
A パン粉…½カップ
　卵…1個
　牛乳…大さじ2
　塩…ひとつまみ
　こしょう、ナツメグ、マヨネーズ
　　…各少々
サラダ油…適量

作り方
1 フライパンにサラダ油を入れて熱し、玉ねぎを加えてすきとおるまで炒め、バットに取りだして冷ます。
2 ボウルにひき肉と塩少々(分量外)を入れ、手で粘りけがでるまで練り混ぜる。A、1を加えてざっくり混ぜ、10等分にして空気を抜きながら丸める。
3 1のフライパンをペーパータオルなどでさっとふき、サラダ油を入れて強火で熱し、2を入れる。焼き色がついたら裏返し、ふたをして弱火にする。箸で押してみて肉汁が透明になるまで焼く。

アレンジ
●ケチャップ、ウスターソース、水を3:3:1の割合で合わせたものをからめる。
●生の肉だねをロールキャベツや肉詰めにする。

豚肉のしょうが焼き

下味をつけずに豚肉を焼くので、忙しい朝でも短時間でできるレシピです。お弁当にはあまり脂身の多くない豚肉が向いています。

材料(4人分)
豚薄切り肉(しょうが焼き用)
　…500g
玉ねぎ…小2個
A しょうが(すりおろす)、しょうゆ、
　　酒…各大さじ3
　砂糖…小さじ1弱
サラダ油…適量

作り方
1 玉ねぎは薄切りにする。フライパンにサラダ油を入れて熱し、豚肉を広げて焼く。
2 焼き色がついたら裏返し、玉ねぎを加え、火が通ったらAを入れて煮からめる。

アレンジ
●豚肉のかわりになすやいかで作る。

野菜の肉巻き

彩りがよくて甘めの味がお弁当向き。夜に巻いておいて朝は焼くだけ。豚肉はしょうが焼き用だと厚すぎ、しゃぶしゃぶ用だとボリュームがでません。

材料（4人分）
豚ロース薄切り肉…10枚（300g程度）
にんじん…6cm
いんげん…10本
A｜しょうゆ、酒…各大さじ3
　｜砂糖…大さじ2
サラダ油…適量

作り方
1 にんじんは細切りにし、いんげんとともに熱湯でゆでる。
2 豚肉1枚を広げて1の1/10量をのせ、手前からしっかり巻く。残りも同様に作る。
3 フライパンにサラダ油を入れて熱し、2を巻き終わりを下にして入れて少し焼き固まってきたら菜箸でころがしながら全面に焼き色をつけ、Aをからめる。
※お弁当用には冷めてから半分に切る。1人5個（2.5本）程度が目安。

アレンジ
●にんじんといんげんのかわりにえのきだけ、オクラ、スナップエンドウ、ゆで青菜を使う。

ブリの照り焼き

ブリは焼く前にお弁当サイズに切っておくのがポイント。うちの場合、まーさんのお弁当箱の一辺に合わせるのが目安。たれは煮詰めて照りよく仕上げます。

材料（4人分）
ブリ（切り身）…4切れ
A｜酒…大さじ4
　｜しょうゆ…大さじ3
　｜みりん…大さじ2
サラダ油…適量

作り方
1 ブリはペーパータオルで水けをふき取り、お弁当に合わせたサイズに切る。
2 フライパンにサラダ油を入れて熱し、1を六面すべてしっかり焼く。Aを加えて煮からめる。
※ぶつ切りにした長ネギを一緒に焼いてもおいしい。

アレンジ
●ブリのかわりに、カジキ、鶏肉、厚切りにしたれんこんで作る。

卵焼き

本当はだし巻き卵も好きですが、朝はできるだけ時間短縮したいので砂糖と塩だけで作ります。形作りに巻きすが必需品です。

材料（4人分）
卵…3個
A｜砂糖…大さじ1
　｜塩…小さじ1/4程度
サラダ油…適量

作り方
1 ボウルに卵を割り入れて菜箸で白身を切るように溶きほぐし、Aを加えて混ぜる。
2 フライパンにサラダ油をひいて熱し、1を1/3量流し入れて広げる。表面が固まってきたら菜箸を使って奥から手前にまとめてから奥にずらす。
3 あいているところにペーパータオルで薄くサラダ油をなじませ、1の1/3量を流し入れて広げて手前に向かって2〜3回巻く。残りの卵液も同様に巻く。
4 巻きすを広げて3を置き、手前からしっかり巻く。冷めてから適当な大きさに切り分ける。

アレンジ
●きざんだ細ねぎ、戻したひじき、桜えび、じゃこなどを混ぜ込む。
●カニカマを芯に巻く。卵液には砂糖は入れず、だしと薄口しょうゆで。

煮卵

卵はトロッと半熟仕上げ。つけだれに酢が入っていて、冷蔵庫で3〜4日もつので一度に5個くらい作ると便利です。夏場は固ゆでにします。

材料（作りやすい分量）
卵…5個
A｜みりん…大さじ3
　｜しょうゆ…大さじ2
　｜酢…小さじ1

作り方
1 鍋に湯を沸かし、卵を入れて7分ゆでる。すぐ水にとって冷めたら殻をむく。
2 鍋にAを入れてひと煮立ちさせる。
3 保存容器に1、2を入れ、途中で一度ひっくり返し一晩つける（卵につけだれが半分かぶるくらいの容器で）。

アレンジ
●ラーメンに入れたり、ハンバーグのつけ合わせに。

スナップエンドウと油揚げの炊いたん

煮物より手軽。深めのフライパンで作れます。味を含ませるために作り置きを。

材料（作りやすい分量）
スナップエンドウ…1袋
油揚げ…1枚
A だし…100cc
しょうゆ、みりん
…各大さじ1

作り方
1 油揚げはざるにのせ、熱湯をまんべんなくかけてしぼり、短冊切りにする。スナップエンドウは筋を取る。
2 鍋にAを入れて煮立て、1を加えてさっと煮る。冷めるまでそのままおいて味を含ませる。

アレンジ
●スナップエンドウのかわりにかぶ、ゆで青菜などで作る。

大根の甘酢漬け

漬け物は市販のものに頼ってしまうことも多いけど、甘酢漬けはよく作ります。

材料（作りやすい分量）
大根…8cm
塩…少々
A 砂糖、酢…各大さじ1
塩…ひとつまみ

作り方
1 大根は薄めのいちょう切りにして塩をふり、しばらくおいてから水けをしぼる。
2 ポリ袋に合わせたAを入れ、1を加えて一晩漬ける。

アレンジ
●大根のかわりに、さっとゆでたみょうがやれんこんを漬ける。

ほうれん草のごまあえ

ごま好きの私がよく作るごまあえ。ごまをするのは面倒なので、すりごまを使います。

材料（作りやすい分量）
ほうれん草…1束
A すり白ごま…大さじ2
砂糖、しょうゆ
…各小さじ1

作り方
1 鍋に湯を沸かし、ほうれん草を根元のほうから入れてゆで、水に放つ。水けをしぼり3cm長さに切る。
2 ボウルにAを合わせ、1を入れてあえる。

アレンジ
●ほうれん草のかわりに、ゆでた春菊、かぼちゃ、ブロッコリーをあえる。

きんぴらごぼう

うちは子どもがいるので唐辛子は入れず、みりんのかわりに砂糖を使って甘めに。

材料（作りやすい分量）
ごぼう…1本
A しょうゆ、酒…各大さじ1
　砂糖…小さじ2
いり白ごま…適量
ごま油…適量

作り方
1 ごぼうは包丁の背で皮をこそげ落とし、斜め薄切りにして水にさらす。
2 フライパンにごま油を入れて熱し、水けをきった1を炒める。Aをからめ、いり白ごまをふる。

アレンジ
●大人だけ七味唐辛子をふる。

しいたけと春菊の白あえ

豆腐をつぶすのに泡立て器を使うと気軽にできます。あまった煮物のリメイクにも。

材料（作りやすい分量）
しいたけ…5個
春菊の葉…1束分
豆腐（絹ごし）…½丁
A すり白ごま…大さじ1
　砂糖…大さじ½
　塩、しょうゆ…各少々

作り方
1 ボウルに水きりをした豆腐を入れて泡立て器でよく混ぜ、Aを加えて全体がなめらかになるまでさらに混ぜる。
2 焼き網を熱し、しいたけをのせてこんがり焼いてしょうゆ（分量外）をたらし、一口大に切る。春菊の葉とともに1に加えてあえる。

アレンジ
●しいたけと春菊のかわりにひじき煮や、だし＋しょうゆ＋みりんの味つけで甘辛く煮つけた野菜などで作る。

豆もやしのナムル

家族みんな大好きな味つけ。いろいろな野菜で応用がきくので登場回数が多いレシピ。

材料（作りやすい分量）
豆もやし…1袋
A いり白ごま、ごま油
　　…各大さじ1
　塩…ひとつまみ

作り方
1 鍋に湯を沸かし豆もやしをさっとゆで、ざるにあげて水けをきる。
2 ボウルに水けをしぼった1を入れ、Aであえる。

アレンジ
●豆もやしのかわりにゆでた青菜、にんじんなどで作る。
●ラー油やのりを加える。

ある一週間のお弁当スケジュール

★は当日調理があるもの

曜日		日	月	火
		お弁当なし		
メニュー			★塩鮭 ★ひじき・いんげん・にんじんのナムル ★ブロッコリーのごまあえ ・煮卵	★ハンバーグ ★卵焼き ・ひじき煮 ・ゆでブロッコリー ・レタス ・金時豆甘煮
買い物	**※冷蔵庫にあるもの** ・煮卵　・レタス ・ゆでいんげん　・にんじん ・ハンバーグ（冷凍）　・煮豆（市販）	（**少量買い足し**） ・塩鮭 ・ブロッコリー ・ひじき ・ちくわ		（**スーパー特売日**） ・鶏もも肉　・青じそ ・鶏ひき肉　・たけのこ水煮 ・豆腐　・佃煮 ・こんにゃく　・ツナ缶 ・ちくわ　・じゃこ ・きゅうり　・ごぼう
仕込み		・ブロッコリーを塩ゆで ・ひじきは戻す →半分はひじき煮 →半分はそのままストック ・にんじんは細切りにして塩もみ	・冷凍ハンバーグを冷蔵庫に移して解凍 ・お弁当計画を立てる	・鶏もも肉は一口大に切って、から揚げ用に下味をつける ・鶏団子だねを作る →半分は青じそで巻く →半分はゆでて冷凍 ・こんにゃくは下ゆで →半分は甘辛く炒める ・豆腐は水切りをする →半分はごぼう、にんじんと甘辛く煮る ・ごぼうはきんぴらにする

水	木	金	土
『hal』定休日			
★鶏ひき肉のしそ巻き ★ちくわきゅうり ★卵焼き ★ごぼう、にんじん、こんにゃくの白あえ	★鶏のから揚げ ・煮卵 ・ごぼうのきんぴら ・にんじんの甘煮 ・ポテトサラダ ・レタス	★鶏団子の酢豚風 ★卵焼き ・こんにゃくの甘辛炒め ・さつまいものレモン煮 ・ミニトマト	★ブリの照り焼き ★焼きねぎ ★かぼちゃの黒ごま炒め ★にんじんしりしり ・ミニトマト
(定休日で午前中産直へ) ・じゃがいも　・ミニトマト ・にんじん　・かぼちゃ ・玉ねぎ　・さつまいも ・長ねぎ　・ピーマン ・レタス 予算2000円までめずらしく野菜をしこたま買う		**(帰り道に魚屋さんに立ち寄る)** ・ブリ	
・さつまいものレモン煮を作る ・にんじんの甘煮を作る ・ポテトサラダを作る	・冷凍鶏団子を冷蔵庫に移して解凍		

おわりに

私の友人の先輩ママに「いい母親ではなかったかもしれないけれど、お弁当作りだけは頑張ってきた」といっている人がいます。学生時代に父子家庭で育った自分に、おばあちゃんが「さみしい思いをしないように」と一生懸命かわいいお弁当を作ってくれたという思い出が、そんな行動につながったようです。

愛情たっぷりのお弁当を食べていた娘さんは今は実家を離れて暮らしているのですが、保存料や添加物がたっぷり入った市販のお弁当は苦手なんだそう。たとえ母親の目が行き届かなくなっても、舌と体に自分を守る力が備わったのでしょう。今では、帰省すると実家に住んでいるお兄ちゃんのために末っ子の妹がお弁当を作る日もあるといいます。

お弁当をはじめとする料理は、人の心と体を豊かに、穏やかに育ててくれると私は信じています。誰でもお腹がふくれるとホッと心がなごむもの。おいしいものを食べながらケンカする人ってあまりいないですものね。

梅仕事もしないし、味噌もらっきょうも仕込まないずぼらな主婦の私ですが、少しだけ手間をかけ、ほどよく手を抜き、家族のお弁当を作ることを日々続けてきました。

毎日のことなので華美なごちそうではなく、そのとき旬でたくさんでている安い食材を使い、「お腹すいたー！」と口をあけて待っている家族の顔を思い浮かべて作り続けました。

予想どおり、この春から息子が進学のためひとり暮らしを始めることになりました。「家族での食事を大事にする」という私の唯一のこだわりが、離れて暮らしたときにどんな形であらわれるでしょうか？

もしかしたら数年後に戻ってきて地元で就職するかもしれませんが、ひとまず4個のお弁当作りはここでいったん終了です。

息子の保温ジャーにお湯を入れてしまったりして、まだお弁当作りにあの子の気配が残ったまま。「今までどおりの分量で作るとひとり分あまってしまうんだなぁ……」なんて当たり前のことを実感しています。そのうち、3人のちょうどいい分量に慣れていくんでしょうね。

まーさん、私、娘のお弁当作りはまだまだ続くとはいえ、子どもが手から離れていくのに合わせて母としてやることも少しずつ減っていきます。自分の時間作りも今まで以上に大切にしていきたい、と思っています。

STAFF
企画・構成　斎木 佳央里
撮影　公文美和、後藤 由紀子
デザイン　細山田 光宣、狩野聡子
（細山田デザイン事務所）
校正　玄冬書林
編集　中島元子（ワニブックス）

後藤由紀子の
家族のお弁当帖

著者　後藤 由紀子

2015年4月30日　初版発行
2015年6月1日　2版発行

発行者　横内正昭

編集人　青柳有紀

発行所　株式会社ワニブックス
〒150-8482
東京都渋谷区恵比寿4-4-9　えびす大黑ビル
電話　03-5449-2711（代表）
03-5449-2716（編集部）
ワニブックスHP　http://www.wani.co.jp/

印刷所　株式会社美松堂
DTP　オノ・エーワン
製本所　ナショナル製本

ISBN 978-4-8470-9326-5